88편의 시로 살피는 미친 사랑의 노래

조선국왕 연산군

조선국왕 연산군

2015년 5월 20일 1판 1쇄 인쇄
2015년 5월 28일 1판 1쇄 발행

지은이 | 이수광
펴낸이 | 이종춘
펴낸곳 | BM 성안당
주 소 | 121-838 서울시 마포구 양화로 127 첨단빌딩 5층(출판기획 R&D센터)
        413-120 경기도 파주시 문발로 112 출판도시(제작 및 물류)
전 화 | 02-3142-0036
        031-950-6300
팩 스 | 031-955-0510
등 록 | 1973. 2. 1. 제 13-12호
홈페이지 | www.cyber.co.kr

ISBN | 978-89-315-7858-4 (03900)
정 가 | 14,000원

이 책을 만든 사람들

기획 | 최옥현
편집진행 | 이병일
교정교열 | 이형철
본문 디자인 | 하늘창
표지 디자인 | 윤대한
홍보 | 전지혜
국제부 | 이선민, 조혜란, 신미성, 김필호
마케팅 | 구본철, 차정욱, 나진호, 이동후, 강호묵
제작 | 김유석

조선국왕

왕

연산군

이 수 광 지음

88편의 시로 살피는 미친 사랑의 노래

연산군은 조선왕조 500년 역사상 가장 포악한 임금이다.

오늘날에는 영화나 드라마 등에서 자주 다루어지는 인물이기도 하다.

그만큼 연산군은 좋은 의미에서든, 나쁜 의미에서든

사람들의 관심을 끄는 인물이라 할 수 있다.

그의 어머니 폐비 윤씨는 궁중암투에 패해 사약을 받고 죽는다.

이후 연산군은 그를 적대시하는 후궁들과 조정대신들에게
둘러싸여 고독하고 우울한 어린 시절을 보낸다.
어린 연산군의 유일한 낙은 시를 짓는 것이었다.
연산군은 보위에 오른 뒤에도 80여 편의 어제시御製詩를
남길 정도로 많은 시를 썼다.
이 작품은 연산군의 시를 통해 그의 내면에 흐르는 광기와 고독,
그리고 사랑에 대해 살펴보고자 한다.

차
례

제1장

왕을 조종하는 남자,
간신 임숭재

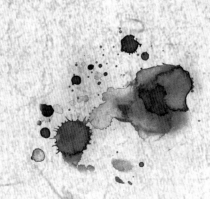

작은 소인小人 숭재, 큰 소인 사홍이라!
천고에 으뜸가는 간흉이구나!
천도天道는 돌고 돌아 보복이 있으리니,
알리라, 네 뼈 또한 바람에 날려질 것을.

역사는 신화로부터 시작되고 왕조의 흥망성쇠로 다채롭게 장식된다. 왕조의 흥망은 대부분 왕의 폭정과 간신들에 의해서 이루어진다. 역사가 도도하게 흐르는 동안 수많은 왕조가 흥망성쇠했다.

중국 최초의 통일국가인 진나라는 간신 조고 때문에 멸망했고, 조선은 이완용, 송병준 같은 간신들에 의해 5백년 왕조가 무너졌다. 간신들의 존재는 백성들을 고통스럽게 만들고 나라를 파멸로 이끈다.

조선왕조 5백 년 동안 가장 포학했던 임금은 연산군이다. 그는 10년 동안의 짧은 재위 기간 동안 150명 이상을 살해했고 1천명 이상을 간음했다. 그를 이토록 음란하고 포학한 군주로 만든 인물은 성종의 부마 임숭재와 그의 아버지 임사홍이었다. 그들은 연산군을 음란하고 잔인한 폭군으로 이끄는데 결정적인 역할을 했다.

작은 소인小人 숭재, 큰 소인 사홍이라!

천고에 으뜸가는 간흉이구나!

천도天道는 돌고 돌아 보복이 있으리니,

알리라, 네 뼈 또한 바람에 날려질 것을.

小任崇載大任洪

千古姦兇是最雄

天道好還應有報

從知汝骨亦飄風

임숭재와 임사홍은 천고의 간신으로 역사에 기록되었다. 그들이 어떻게 간신 짓을 했는지, 그들이 어떻게 백성들을 도탄에 빠트렸는지 살피다보면 시인 연산군이 광인 연산군이 된 까닭을 알 수 있다.

왕이 원하면 부인이라도 바친다

밖에는 굵은 빗줄기가 하얗게 쏟아지고 있었다. 임숭재는 바짝 엎드려 대청에 비스듬히 앉아 있는 연산군을 바라보았다. 연산군의 눈이 광기로 번들거리는 것은 어제오늘의 일이 아니다. 그가 비록 취했으나 지금 하려는 것은 파격 즉, 격을 깨트리는 일이다.

그의 눈은 임숭재의 부인이자 자신의 이복 여동생인 혜신옹주에게 쏠려 있었다. 혜신옹주는 성종의 후궁인 명빈 김씨의 소생이다. 광기로 번들거리는 눈이 혜신옹주를 더듬는 것은 그녀에게 시침을 들게 하기 위함이다. 사실, 혜신옹주은 특출난 미인이 아니다. 그럼에도 굳이 자신의 이복동생을 범하려 하는 것은 무엇일까? 그것은 유림이 절대적인 가치로 내세우고 있는 예禮를 깨뜨리는 동시에, 신하들 위에 존재하는 절대군주라는 사실을 각인시키려 함이다.

'임금이 원하는데 내가 어찌 거절하겠는가?'

임숭재는 속으로 그렇게 생각했다. 혜신옹주는 임금의 여동생이기도 하지만 자신의 부인이기도 했다. 그러나 임금이 원한다면 어머니라고 해서 못 내어줄 것도 없었다.

연산군이 무어라고 말했는지 혜신옹주가 까르르 웃음을 터트렸다. 어느새 그녀의 저고리 옷고름은 반쯤 풀어져 허연 젖무덤이 탐스럽게 쏟아져 나와 있었다. 그녀는 곁눈으로 멀리 떨어져 머리를 조아리고 있는 임숭재를 살폈다. 남편이 옆에 있으니 아무래도 신경이 쓰이는 모양이었다.

"전하의 사랑을 받으니 죽어도 여한이 없습니다."

혜신옹주가 연산군에게 안기며 속삭였다. 그 교태로운 목소리가 방울소리처럼 연산군의 귓전에 찰랑거렸다.

부인을 임금에게 바치는 것은 절대군주라고 해도 패륜이다. 목숨을 걸고 막아야 한다. 그러나 임숭재는 그렇게 하지 않았다.

'왕이 옹주를 범하는 것은 한순간일 뿐이다. 순간을 참으면 두고두고 복을 누리게 될 것이다.'

임숭재는 자신의 부인에게 은밀한 눈길을 보내는 연산군을 보면서 그렇게 생각했다.

"우리 집에 흉악한 물건이 하나 있으니 그것은 둘째 형님이다."

문득 동생 임희재의 말이 천둥소리처럼 귓전을 후려쳤다. 임희재는 그를 대흉大凶이라고 비난했다. 사람 취급을 하지 않고 숫제 흉악한 물건이라고 경멸한 것이다. 임숭재는 동생 임희재를 떠올리자 얼굴 근육이 푸르르 떨렸다.

'미친 놈! 임금에게 저항하니 죽임을 당하지.'

임희재는 사림의 거두인 김종직의 문하에서 공부를 했다. 그는 진사시에 급제한 2년 뒤에, 대과에 급제하여 승문원정자가 되었다. 이후 홍문관에 들어가 활약하다가 사가독서의 은혜를 받았다. 사가독서는 학문이 뛰어난 젊은 관리들에게 휴가를 주어 오로지 공부에 전념하게 하여 인재를 육성하는 제도였다.

임숭재는 어릴 때 혜신옹주의 부마로 간택되어 과거를 볼 수 없었다. 이는 형인 임광재도 마찬가지였다. 임광재는 예종의 딸인 현숙공주와 혼례를 올렸는데 기생집에 출입이 잦았다. 임숭재도 임광재를 따라 기생집에 출입하면서 춤과 노래에 빠졌다. 그가 가무에 탁월한 능력을 보이자 기생들이 구름처럼 따랐고, 이에 춤과 노래를 배워 장안의 한량이 되었다.

"임금의 부마로서 가무를 좋아하니 행실이 올바르지 않다."

동생인 임희재가 그를 비난했다. 임숭재는 입바른 소리만 하는 동생이 싫었다. 아버지도 그런 동생을 눈엣가시처럼 여겼다.

"할아버지께 부끄러운 줄을 알아야 할 것이다."

임희재는 할아버지 임원준까지 거론하면서 비난했다.

임원준은 세조 2년 식년문과에 장원급제한 데 이어, 문과중시에 급제하여 벼슬을 시작했다. 의학에 뛰어나 의서를 집필하는 등 유림에 크게 명성을 떨쳤다. 학문이 높아 예문관직제학 때 명나라 영종의 즉위를 축하하는 표전문을 지어 세조의 격찬을 받았다.

임원준은 호조참판이 되었을 때 《의약론》을 주해하고 성종 때는 서하군西河君에 책봉되었다. 좌찬성이 되었을 때는 최항 등과 함께 《경국대전》 편찬에도 참여했다. 경사와 의학에 정통하여 의서인 《창진집》까지 편찬했다. 그는 이러한 업적 덕분에 후세의 존경을 받았다. 그래서 임숭재는 할아버지의 존함까지 거론하며 임숭재의 행동을 비난했던 것이다.

"네가 춤과 노래의 경지를 어떻게 알겠느냐?"

임숭재는 오히려 동생이 가무의 즐거움을 알지 못한다고 비웃었다. 춤과 노래에 어찌 여자가 빠질 수 있겠는가. 그는 동생의 충고는 아랑곳하지 않고 춤과 노래, 술과 여자에 탐닉했다.

'임금도 사내다.'

임숭재는 임금이 자신처럼 춤과 노래, 술과 여자를 좋아할 것이라고 생각했다. 따라서 곁에 잘 붙어만 있으면 임금과 함께 환락에 빠져 한평생을 지낼 수 있을 것이라 생각했다. 임숭재는 대궐에서 환락에 빠져 지내는 임금을 집으로 초대했다.

"이 정자가 매우 맑고 깨끗하도다."

연산군이 정자에 앉아서 말했다.

왕을 조종하는 남자, 간신 임숭재

"신이 이 정자를 지어 놓고 봉연(鳳輦,임금의 가마)을 기다린 지 오래이옵니다."

임숭재가 무릎을 꿇고 아뢰었다.

"부마는 한량이라고 들었는데 어찌 이리 적막한가?"

"망극하옵니다. 신이 전하를 위해 작은 잔치를 마련했습니다."

임숭재는 기생들을 불러 잔치를 베풀었다. 자신이 직접 춤을 추면서 연산군을 기쁘게 했는데 춤과 노래가 기생들보다 더 뛰어났다. 특히 임숭재가 추는 처용무는 연산군을 크게 감동시켰다.

"몸을 움츠리면 아이들처럼 온 몸의 지절肢節이 재롱을 떨어 하늘에서 무동이 내려온 것 같구나."

연산군이 손뼉을 치면서 좋아했다.

"전하께서 신하의 집을 찾아주시니 무한한 광영입니다."

"내 오늘 크게 즐거웠다."

"신하된 자의 소임은 임금의 근심을 덜어드리고 임금을 기쁘게 하는 것입니다. 언제든지 왕림하시면 충성을 다하여 받들어 모시겠습니다."

임숭재가 머리를 바짝 조아렸다.

"그대의 충심을 알겠다."

"환궁하시기 전에 기녀들의 춤을 보소서. 특별한 연회를 준비했습니다."

임숭재는 연산군이 대궐에 들어가려고 하자 기생들에게 춤을 추게 했다. 기생들이 속저고리와 속치마 차림으로 들어와 나붓이 절을 올리자 가슴이 죄 드러났다. 연산군의 눈이 크게 떠졌다. 기생들이 절을 올린 후, 춤을 추기 시작하자 그 현란한 춤사위에 저절로 어깨가 들썩거려졌다. 더욱이 기생들은 알몸이나 다름없는 옷차림이었다. 대궐에서는 절대로 볼 수 없는 춤이었다. 연산군은 자리에서 일어날 수 없었다.

춤이 끝나자 임숭재는 기생들을 동원하여 연산군에게 술을 따르게 했다. 기생들이 낭자하게 웃으면서 연산에게 달라붙어 술을 따랐다. 기생들은 속저고리를 입고 있었으나 속이 환히 들여다보여 안 입은 것이나 다름없었다. 눈앞에 절반쯤 드러난 여자들의 젖가슴이 왔다 갔다 하자 연산군은 제 정신이 아니었다. 그는 밤새도록 여자들과 놀면서 환궁하지 않았다.

상종할 수 없는 무리들

날이 부옇게 밝아 가마를 타고 대궐로 돌아가려고 하는데 젊은 선비가 정원에서 책을 읽고 있었다. 낭랑한 목소리는 연산군을 불쾌하게 만들었다. 연산군은 세자시절 학문으로 명성 높은 늙은 신하들에게 가르침을 받았다. 그런데 연산군은 신하들에게 학문을 배우는 것을 싫어했고, 선비들은 이런 그를 비난했다.

"누구냐?"

연산군이 술에 취한 눈으로 선비를 쏘아보았다.

"승문원정자를 지낸 임희재이옵니다."

임희재가 머리를 조아렸다. 어딘지 모르게 도도하고 건방져 보였다.

"임숭재의 아우냐 형이냐?"

"아우입니다."

"무슨 책을 보고 있느냐?"

"맹자 진심편입니다."

"읽어보라."

연산군이 영을 내리자 임희재가 잠시 망설이다가 책을 읽기 시작했다.

맹자는 제후들에게 항상 하夏나라의 탕왕湯王과 주周나라의 무왕武王을 성군이라고 말했다. 그러자 제나라 선왕이 맹자에게 물었다.

"하나라의 신하였던 탕이 걸왕桀王을 쫓아내고, 은殷나라의 신하였던 무가 주왕紂王을 시해했습니다. 이것을 과연 옳다고 할 수 있습니까?"

"인仁을 해친 자를 적賊이라 하고, 의義를 해친 자를 잔殘이라 하며, 잔과 적을 일삼는 자를 일부一夫라고 합니다. 저는 일개 필부에 지나지 않는 걸桀과 주紂를 죽였다는 말은 들었어도 임금을 죽였다는 말은 들어보지 못했습니다."

맹자가 공손히 대답했다.

탕왕은 요부 말희와 함께 폭정을 일삼은 걸왕을 몰아내고 은나라를 세웠다. 무왕은 달기와 함께 악정을 일삼은 주왕을 시해하고 주나라를 세웠다. 탕왕이나 무왕은 중국에서 요순에 이어 가장 훌륭한 임금으로 평가받았다. 그러나 한편으로는 역성혁명을 일으켰다고 하여 비난의 대상이 되기도 했다.

맹자에게 있어 폭군은 임금이 아닌 그저 포악한 필부에 지나지 않았다. 맹자의 말은 수많은 왕조가 일어설 때 역성혁명의 당위성을 입증하는 논거가 되었다. 왕조를 찬탈한 자들은 임금을 시해한 것이 아니라 폭군을 시해했다고 하며 이를 '천명'이라고 주장한 것이다.

연산군은 임희재가 맹자의 진심편盡心篇을 읽자 기분이 나빴다. 그러나 그 자리에서는 아무 말도 하지 않았다. 연산군은 궁으로 돌아오자마자 임희재에 대해 조사하라는 영을 내렸다. 조사 결과, 김종직의 제자인 임희재가 강백진, 이계맹, 강혼 등과 함께 조정을 비판하고 있다는 것을 알게 됐다.

'임숭재의 체면이 있으니 죽일 수는 없겠구나.'

연산군은 임희재를 잡아들여 곤장 1백대를 때리고 천리 밖으로 귀양을 보냈다. 때마침 김종직의 조의제문弔義帝文 파문으로 무오사화戊午士禍가 일어난 탓에 무오당적戊午黨賊이라는 죄목을 씌웠다.

임희재는 그 후 벼슬길에 나서지 않았다. 그가 마음만 먹는다면 형 임숭재나 아버지 임사홍, 할아버지 임원준의 후광으로 요직에 진출할 수 있었다. 그러나 그는 벼슬에 뜻을 두지 않았다. 임희재는 두문불출하며 가족 중 그 누구와도 이야기를 하지 않았다.

"너는 어찌하여 아비에게 문안도 드리지 않느냐?"

하루는 임사홍이 임희재를 불러 꾸짖었다. 그러자 임희재가 말없이 간^奸자를 써서 보여주었다.

"이게 무엇이냐?"

"세상에서 상종하지 말아야 하는 무리입니다."

임희재는 아버지인 임사홍까지 상종하지 못할 무리라고 비난한 것이다.

"뭣이? 네 이놈!"

임사홍은 눈에서 불꽃을 튀기며 일어나 임희재를 발길로 내질렀다. 이후로 임희재는 가족들과 일절 말을 섞지 않았다.

아들의 목숨을 바친 임사홍

임사홍과 임숭재로 인해 연산군은 점점 폭군이 되어 갔다. 특히 폐비 윤씨의 죽음으로 비롯된 갑자사화甲子士禍는 무시무시한 피바람을 불러 일으켰다. 수많은 선비들이 갑자사화로 억울한 죽임을 당했다. 임희재는 연산군의 폭정이 계속되자 더욱 괴로워했다. 그는 연산군의 폭정을 아버지와 형이 이끈다는 사실에 견딜 수가 없었다. 임희재는 답답한 마음에 시를 한편 써서 병풍으로 표구를 했다. 어느 날, 연산군이 임사홍의 집에 왔다가 병풍의 시를 보았다.

요순을 본받아 나라를 다스리면 태평한데

진시황은 어찌하여 백성들을 도탄에 빠트렸나

화가 나라 안에서 일어날 것은 모르고

헛되이 만리장성을 쌓아 오랑캐를 막으려고 하네

祖舜宗堯自太平

秦皇何事苦蒼生

不知禍起所墻內

虛築防胡萬里城

연산군은 시를 읽고 눈꼬리가 찢어졌다. 그는 임희재의 시가 진시황을 빗대어 자신을 비난한다고 생각했다.

"누가 쓴 시냐?"

연산군이 임사홍에게 물었다.

"신의 셋째 아들이 쓴 것입니다."

임사홍이 당황하여 머리를 조아렸다.

"경의 아들이라고? 흥! 경의 아들이 나에게 불충하여 내가 죽이려고 하는데 어떻게 생각하느냐?"

연산군이 납작 엎드려 있는 임사홍을 실눈으로 살피면서 물었다. 임사홍은 경악하여 미처 대답 하지 못했다. 아무리 눈엣가시 같이 여기는 아들이라고 해도 죽인다는 말에는 선뜻 대답을 할 수가 없었다.

임숭재는 장녹수가 연산군의 총애를 받기 전에 간통을 했었다. 그런데 장녹수가 연산군의 총애를 받게 되자 간통한 일이 알려질까 봐 전전긍긍했다. 연산군 역시 장녹수가 누군가와 간통을 했다는 사실을 어렴풋이 눈치 채고 있었다. 문제는 실제로 간통한 임숭재가 아닌 임희재로 잘못 알고 있었다는 것이다. 연산군이 임희재를 미워한 까닭은 자신을 비판한 것도 있지만, 장녹수의 간통남이라 생각했던 까닭도 있었던 것이다. 연산군이 간통남을 임희재라고 생각한 데에는 임숭재의 역할이 컸다.

"만약 전하께서 우리의 일에 대한 말이 나오거든, 마땅히 희재가 한 일이라고 대답해야 한다. 그러면 반드시 나를 믿고 시기함이 없을 것이며, 너도 보전될 것이다."

임숭재가 장녹수에게 말했다. 과연 장녹수가 한때 임숭재와 간음한 일이 연산군의 귀에 들어갔다. 불같이 노한 연산군은 임숭재를 죽이려고 장녹수를 추궁했다. 장녹수는 임숭재의 부탁대로 그녀가 간음한 남자는 임숭재가 아니라 임희재라고 말했다. 연산군은 장녹수의 말을 듣고 기회가 오면 임희재를 죽이겠다고 별렀다. 그런데 드디어 기회가 온 것이다. 연산군은 여전히 꿇어 엎드려 있는 임사홍을 내려다보며 슬며시 제환공과 역아의 고사를 얘기했다.

"중국 춘추시대 제환공에게는 역아易牙라는 뛰어난 요리사가 있었다. 제환공이 하루는 역아의 요리를 칭찬하면서 '나는 세상의 맛있는 요리를 모두 먹어 보았지만 아직 사람 고기는 먹어보지 못했다'라고 지나가는 말로 말했다. 다음날 제환공이 식사 때가 되어 요리를 먹는데 그동안 먹어 보지 못한 고기라 역아에게 무슨 고기냐고 물었다. 그러자 역아가 말하기를 '제 아들입니다.'하고 말했다."

연산군은 역아의 고사를 빌어 임사홍이 자신의 아들을 어떻게 할 것인가 떠 본 것이다. 연산군의 말을 들은 임사홍은 얼굴이 하얗게 변했다.

"신의 아들이 불충하니 마땅히 죽여야 합니다."

임사홍이 땅바닥에 머리를 짓찧으면서 대답했다.

"듣거라."

연산군이 내시 김처선에게 명을 내렸다.

"예."

김처선이 황급히 달려와 머리를 조아렸다.

"임희재를 잡아다가 교형에 처하라."

연산군이 영을 내렸다. 임사홍은 내시 김처선이 명을 받들고 돌아가는데도 아들의 목숨을 구하는 직언을 올리지 않았다.

'희재를 살려달라고 직언을 올리면 나와 숭재도 총애를 잃을 것이다.'

임사홍은 연산군의 총애와 아들의 목숨을 바꾸었다. 그는 아들이 죽임을 당하는 순간에도 연산군을 위하여 잔치를 열었다.

여자는 권력을 따른다

임금의 잔치가 무르익고 있었다. 혜신옹주는 임금의 옆에서 계속 술을 따랐다. 자신도 마신 술이 꽤 되었다. 그녀는 웃음이 헤펐고, 임금이 이야기를 할 때마다 까르르 웃음을 터트렸다.

임숭재는 시중을 드는 사람들에게 물러가라고 눈짓을 했다. 이제는 임금이 알아서 할 것이다. 이복남매인 혜신옹주와 남매의 정을 울울하게 나눌 지, 남녀의 정을 나눌 지 알 수 없는 일이었다.

"신이 하는 일은 전하에게 미인을 바치는 일입니다."

임숭재는 연산군이 채홍준사로 임명했을 때 그와 같이 말했다. 임숭재는 절호의 기회가 왔다고 생각했다. 이계동은 전라도로 떠나고 임숭재는 충청도와 경상도로 떠났다.

"임금에게 미인을 바치는 것인데 누가 감히 거역하는 것이냐? 조선의 땅도 백성도 모두 임금의 것이 아니냐?"

임숭재는 닥치는 대로 미인을 뽑았다. 양반이고 종이고 가리지 않았다. 미인을 뽑는데 거역하는 자는 왕명을 거역했다고 하여 잡아다가 곤장을 때리고 하옥했다.

최유회라는 양민의 딸이 가야금을 잘 탔다.

"미인을 천거하라."

연산군이 영을 내리자 임숭재와 신항이 다투어 최유회의 딸을 천거했다. 그러나 그들이 최유회의 딸을 데리러 가기 전에 구수영이 먼저 데려다가 바쳤다. 연산군은 최유회의 딸이 마음에 들어 숙의로 삼았다.

'내가 먼저 바쳤어야 했는데….'

임숭재는 최 숙의가 총애를 받자 무릎을 치면서 아쉬워했다.

하루는 연산군이 잔치를 벌이고 있는데 최 숙의가 갑자기 머리를 풀어 헤치고 통곡했다.

"무슨 일이냐?"

술에 취해 있던 연산군이 놀라서 물었다.

"아버지가 병들어 죽었다는 소식을 들었습니다."

최 숙의가 울면서 대답했다.

"과연 죽었느냐? 내가 죽었는지 살았는지 확인할 것이다."

연산군은 내시를 시켜 최 숙의의 집에 가서 살펴보게 했다. 최유회
는 병이 났으나 죽지는 않았었는데 연산군이 노했다는 말을 듣고 겁
이 나서 목을 매어 자결했다.

"혹시 거짓으로 죽은 체 하는지 모르니 가서 확인하라. 살아 있으
면 반드시 벌을 내릴 것이다."

연산군은 내시도 믿지 않고 별감을 최유회의 집으로 보냈다. 별감
은 최유회의 시신을 가지고 돌아왔으나 연산군이 취해 잠이 들었기
때문에 이튿날 아침에야 보고 했다.

"후하게 장사를 지내주라."

연산군이 별감에게 영을 내렸다.

임숭재는 연산군의 입이 되고 혀가 되었다. 연산군은 무엇을 하
든지 임숭재와 함께 했다. 연산군이 주색에 빠져 지내자 임숭재도 주
색을 함께 했다. 바른 말을 하는 자를 죽이고 뇌물을 바치는 자는 벼
슬을 얻게 했다.

하루는 술에 취해 잠이 들었는데 죽은 임희재가 나타났다.

"사람들의 원성이 하늘에 사무쳤으니 귀신이 데리러 올 것이오.

형은 죽어도 시체가 온전하지 않을 것이오."

　임숭재는 소스라치게 놀라며 깨어났다. 임숭재는 그날부터 시름시름 앓기 시작했다. 연산군이 그에게 내시를 보내 하고 싶은 말이 없느냐고 물었다.

　"죽어도 여한이 없으나 전하께 미인을 바치지 못하는 것이 한스러울 뿐입니다."

　임숭재가 내시를 통해 아뢰었다. 그는 죽는 그날까지도 자신이 간신이라는 사실을 깨닫지 못했다. 다만, 더 이상 임금의 총애를 받지 못하는 것만 아쉬워했다. 그가 죽고 얼마 있지 않아 중종반정이 일어났다. 그의 시신은 임희재의 영혼이 말한 대로 부관참시剖棺斬屍 되었다. 간신의 비참한 말로였다.

　　　　　．

　　양신에 누구와 다시 함께 즐길소냐
　　슬픔이 애절하여 뼈와 살을 에는 듯하구나
　　꾀꼬리와 나비는 괴로움을 알지 못하고
　　멋대로 춘색을 자랑하면서 웃고 지저귀네
　　愛才親信異他臣,
　　莫恨雷威急困身。
　　若有忠誠懷似石,
　・何難頭上照台辰

　연산군은 임숭재가 병으로 죽자 애도하는 어제시를 내리기도 했다. 그러나 중종반정이 일어나자 임금의 총애는 부질없는 것이 되어 부관참시 당한 것이다.

연산군은 임숭재의 부인이자 자신의 이복남매인 혜신옹주를 간음했고, 이상이라는 인물에게 시집 간 임숭재의 동생 임씨도 간음했다.

조선시대 여인들은 절개를 목숨처럼 여겼다. 그런데 그녀들은 목을 매어 자진하지도 않았고 괴로워하지도 않았다. 오히려 연산군의 총애를 받는 것을 자랑으로 생각했다.

연산군의 간신들

연산군을 폭정으로 이끈 간신은 임숭재의 아버지인 임사홍과 유자광 등이다. 그러나 연산군이 폭군이 된 것은 그의 내면에 폭군의 기질이 자리 잡고 있었기 때문이다. 간신들은 이를 표출하게 만드는데 도움을 준 것뿐이었다.

임사홍은 유의로 명성이 높은 임원준의 아들로 효령대군의 손녀와 혼인하여 왕실의 일가가 되었다. 그의 큰아들 임광재는 예종의 부마가 되고 둘째 아들 임숭재는 성종의 부마가 되었다. 두 아들을 모두 왕실에 장가를 보낼 정도로 그는 권력지향적인 인물이었다.

임사홍은 소인小人이다. 불의로써 부귀를 누렸는데, 그 아들 임광재가 이미 공주에게 장가를 가고, 지금 임숭재가 또 옹주에게 장가를 갔으니, 복이 지나쳐 도리어 재앙이 발생하여 불이 그 집을 태워버린 것이다. 착한 사람에게는 복을 주고 악한 사람에게는 재앙을 주니, 천도天道는 속이지 않는 것이다.

임숭재가 혜신옹주(훗날의 휘숙옹주)와 혼인하던 날 임숭재의 집에 불이나자 사관이 조선왕조실록에 이와 같이 기록했다.

임사홍은 세조 때에 급제하여 성종의 두터운 신임을 얻어 도승지, 이조판서, 대사간 등의 요직에 발탁되었다. 그때 흙비가 며칠 동안 내리자 삼사에서 하늘의 경고이니 근신해야 한다고 성종에게 아뢰었다.

"신이 듣건대, 경연에서 대간들이 아뢰어 술을 먹는 것을 금지하였다고 합니다. 술이란 것은 본시 사람이 먹는 물건으로, 대저 임금이 큰 재변을 만난 뒤에 몸을 닦고 마음을 반성하며 술을 금하는 것은 한갓 문구文具일 뿐입니다. 이제 만약 가뭄의 징조를 재이災異라고 한다면, 비의 혜택이 마르지 아니하여 밀보리가 무성하니, 그 수확이 있을 것은 이를 점쳐서 알 수 있으며, 만약 흙비를 재이라고 한다면, 예로부터 천지의 재변은 운수에 있을 뿐인데 어찌 재이가 있는 것이겠습니까?"

임사홍은 흙비가 내렸다고 금주령을 내리는 것은 옳지 않다고 반대했다. 삼사는 도승지인 임사홍을 격렬하게 비난하고 임사홍을 소인小人이라고 불렀다.

"임사홍의 말한 바는 일체 아첨하는 것이며 소인의 태도를 모두 겸해 가졌으니, 청컨대 빨리 버리소서."

삼사에서 일제히 임사홍을 탄핵했다.

"착한 이를 좋아하되 능히 쓰지 못하고, 악한 이를 미워하되 능히 버리지 못하면 이는 나라를 망하게 하는 것입니다. 만약 알고 버리지 아니하면 알지 못하는 것보다 못합니다. 전하께서 이미 임사홍이 소인인 것을 아셨다면, 이는 마땅히 먼 지방으로 물리쳐야 할 것입니다."

"임사홍의 간사함은 이 두어 마디 말에서 징험할 수 있으며, 그 아비 임원준도 참으로 탐오貪汚한 사람입니다."

신진 사대부인 채수와 유지는 임사홍의 아버지까지 맹렬하게 비난했다.

"저희 아버님은 죄가 없습니다. 이는 사대부들의 옹졸한 처사입니다."

임광재의 부인 현숙공주가 울면서 호소했으나 임사홍은 의주로 유배를 가고 유자광은 동래로 귀양을 갔다. 임사홍은 황량한 변방에서 귀양살이를 하면서 자신의 정당한 주장을 소인배의 짓이라고 탄핵한 젊은 사대부들에게 이를 갈았다. 임사홍으로서는 억울하기 짝이 없는 일이었다. 그러나 젊은 관리, 사대부들에게도 임사홍을 탄핵한 이유가 있었다. 임사홍이 두 아들을 모두 왕실에 시집보내 권력을 얻으려고 한 것을 경계하여 싹이 자라기 전에 자르려고 한 것이다.

임사홍이 비통했던 것은 아버지인 임원준까지 탐오한 인물로 낙인을 찍어버렸다는 사실이었다.

임사홍의 아들 임숭재 역시 권력 지향적이었다. 하지만 부마이기 때문에 벼슬에 나설 수 없었다. 그대신 술과 여자를 좋아하는 연산군 옆에서 왕명을 좌우하며 권력을 휘둘렀다.

처음에 폐주(廢主, 연산군)가 임숭재의 집에 가서 술자리를 베풀었는데, 술자리가 한창 어울렸을 때 숭재가 말하기를, '신의 아비 또한 신의 집에 왔습니다.' 하였다. 폐주가 빨리 불러 들어오게 하니, 사홍이 입시하여 추연히 근심하는 듯하였다. 폐주가 괴이하게 여기어 그 까닭을 물으니, 사홍이 말하기를, "폐비한 일이 애통하고 애통합니다. 이는 실로 대내에 엄嚴·정鄭 두 궁인이 있어 화를 입었으나, 실제로는 이세좌, 윤필상 등이 성사시킨 것입니다." 하였다. 폐주는 즉시 일어나 궁궐에 들어가서 엄씨, 정씨를 쳐 죽이고, 두 왕자를 거제에 안치하였다가 얼마 뒤에 죽여 버렸다. 두 왕자는 정씨의 아들이다.

중종실록의 기록이다. 임사홍은 폐비의 일을 내세워 갑자사화를 일으켜 조정을 피로 물들였다. 그는 수많은 정적들을 제거하여 조정을 장악하고, 임숭재는 연산군 옆에서 왕명을 좌우하면서 권력을 휘두르기 시작했다.

임사홍은 조선 팔도의 아름다운 여자를 뽑아 연산군에게 바치는 일을 하는 채홍사로 임명되었다. 임사홍은 과거에 급제할 정도로 뛰어난 학문을 갖고 있는 인물이었다. 그는 채홍사에 임명됐지만, 여자를 뽑는 일에 적극적으로 나서지 않았다. 그러자 연산군은 임사홍을 윽박질렀다.

"여러 사대부들에게 배척을 받기 거의 수십 년에 이르렀는데, 내가 은혜를 베풂이 마치 물에서 구원하고 불에서 건져 준 것과 같다. 힘을 다해 나라를 위하여 충성을 바쳐야 할 것이다. 만약 두터운 사랑을 받는 것을 믿고 임금의 일을 소홀히 한다면 참으로 소인이다."

사대부로부터 비난을 받은 너에게 벼슬까지 주었는데 왕명을 따르지 않으면 간신이라는 뜻이었다. 한편으로는 임사홍을 죽이겠다는 위협이기도 했다. 임사홍은 비로소 전국 방방곡곡을 돌아다니면서 미인들을 뽑아 연산군에게 바쳤다.

임사홍은 중종반정이 일어나자 체포되어 처형을 당했다. 실록은 그를 대간(大奸, 크게 간사함), 대탐(大貪, 크게 탐학함), 대폭(大暴, 크게 포학함), 대사(大詐, 큰 사기꾼) 등 전형적인 간신으로 기록했다.

살아있는 권력의 지식인

간신은 지식인이고 걸출한 인물들이다. 간신은 충신들의 논리를 압도하고 시국을 주도한다. 연산군시대의 간신을 꼽는다면 유자광을 빼놓을 수 없다. 유자광은 입지전적인 인물로 신분의 한계 때문에 평생 동안 고통을 받았다. 그는 간신이면서 현실주의자이기도 했다. 그를 간신이라고 보고 있는 것은 남이장군의 옥사, 무오사화 등에서 주도적으로 옥사를 일으켰기 때문이다. 그러나 그가 남이의 옥사를 일으킨 것은 집권자이면서 살아 있는 권력의 지시에 순응한 것뿐이다. 무오사화 역시 살아 있는 권력에 도전한 사림을 징계하기 위한 것이었다. 살아 있는 권력은 군주고, 군주에게는 충성을 다해야 한다.

홍길동으로 유명한 허균은 살아 있는 권력인 광해군의 신임을 받았다. 그는 이이첨과 함께 대북을 이끌면서 인목대비의 폐모론에 앞장서서 간신이라는 오명을 썼다. 그러나 충성을 바친 광해군에게 버림을 받았기 때문에 간신이라는 오명이 오랫동안 남지는 않았다. 그가 광해군조에서 끝까지 살아남았다면 인조반정이 일어났을 때 사형을 당했을 것이다.

유자광은 고변과 음모로 정적을 숙청해 출세를 하다가 결국은 자신도 유배지에서 삶을 마쳤다. 그런데 그의 일생을 자세히 들여다보면 역사적 평가와 달리 긍정적이고 도전적인 인물이라는 사실을 알 수 있다.

유자광은 서자로 태어나 출세를 할 수 있는 길이 막혀있었다. 그러나 살아 있는 권력에 적극적으로 협력함으로써 신분의 벽을 뛰어 넘었다. 그가 중요한 관직에 임명될 때마다 신하들은 서자라는 이유를 들어 반발했다. 그 때문에 유자광은 두 번이나 1등 공신에 책봉되었으면서도 실질적인 관직에는 거의 임명되지 못했다. 그저 무령군武靈君이나 무령부원군이라는 명예직에 머물러야만 했다.

유자광은 경주부윤을 역임한 유규의 서자로 태어났다. 유규의 가

풍은 엄격했고 유자환과 유자광이 높이 출세했을 때도 이를 빌어 권력을 누리거나 탐욕을 부리지 않았다. 그는 청렴하고 엄정한 인물이라는 평가를 받았다.

유규의 장남이자 유자광의 이복형인 유자환은 세조의 보위 찬탈에 협력해 정난 3등 공신과 기성군에 책봉되었다. 그 뒤 도승지, 대사헌, 이조참판 등의 요직을 거쳤다. 그는 청렴하고 아랫사람에게까지 겸손하고 정무를 보는데 부지런했다는 평가를 받았다.

유자광은 부윤 유규의 서자인데, 몸이 날래고 힘이 세며 원숭이같이 높은 곳을 잘 타고 다녔다. 어려서부터 행실이 나빠 도박으로 재물을 다투고, 새벽이나 밤까지 길에서 놀다가 여자를 만나면 붙들어 강간하곤 했다. 유규는 유자광이 미천한 소생으로 이처럼 광패狂悖하므로 여러 차례 매를 때리고 자식으로 여기지 않았다.

남곤이 남긴 《유자광전》과 허봉의 《해동야언》에 있는 글이다. 남곤과 허봉은 유자광을 어릴 때부터 악인으로 기록했다.

유자광은 감사 유규의 첩이 낳은 아들이다. 남원에서 살았는데 어려서부터 재기가 넘쳤다. 깎아 세운 듯한 바위가 있는 것을 보고 아버지가 시를 짓게 하자 즉시 '뿌리는 땅속에 기반을 두고, 형세는 삼한을 누르네.'라는 시를 지었다. 유규는 기이하게 생각하며 훗날 그가 크게 성취할 것을 알았다. 그래서 유자광에게 매일 한서의 열전 하나씩을 외우게 하고 은어 1백 마리를 낚게 했다. 유자광은 암송에 막힘이 없었고 고기도 그 숫자를 늘 채웠다.

유몽인의 《어우야담》에 있는 글이다. 남곤과 허봉은 유자광을 패악무도한 인물로 다루고 있었으나 유몽인은 유자광이 패악한 짓을 저지른 일은 없고 어려서부터 학문이 뛰어났다고 밝히고 있다. 유몽인은 어우야담의 저자로 학문이 뛰어났으나 인조반정을 반대했다가 죽임을 당했다.

유자광은 문사이면서도 무술에도 뛰어났다.

그가 비록 궁검弓劍과 문묵文墨의 재주는 있지만 전국시대 협객과 같다.

성종 때에 유자광이 장악원 제조에 임명되자 사헌부 장령인 정석견이 반대한 글에서도 유자광이 활쏘기와 검술에 뛰어나고 학문에도 능통하다는 사실을 알 수 있다.

유자광은 서자였기 때문에 문관이 아닌 왕궁 시위대로 활약했다. 그는 이시애의 난이 일어나자 자신에게 기회가 왔다고 생각했다. 그는 한양으로 올라와 세조에게 상소를 올렸다.

"신이 일개 갑사로 남원에 있으면서 이시애의 난을 뒤늦게 듣고서는 바야흐로 밥을 먹다가 숟가락을 놓고 한양으로 달려 올라왔습니다. 사람들에게 들으니 역적 이시애가 난을 일으켜 아직도 토벌을 하지 못해 함길도咸吉道가 소요하고 있다고 합니다. 어찌 즉시 군사를 이끌고 나가 이시애를 죽이지 못하는 것입니까 엎드려 생각하건대, 전하께서는 신을 미천하다 하여 폐하지 마소서. 신은 비록 미천하더라도 토벌군의 선봉에 서서 나아가 싸워 역적 이시애의 머리를 참斬하여 바칠 수 있기를 원합니다."

세조는 유자광의 상소를 읽으면서 무릎을 쳤다. 일개 군사에 지나지 않은 유자광이 반란군을 토벌하겠다고 피 끓는 상소를 올렸으니 기뻐하지 않을 이유가 없었던 것이다.

"이 글은 내 뜻에 매우 합당하다. 진실로 유자광은 기특한 재목이다. 내가 그를 발탁하여 높이 쓸 것이다."

세조가 윤필상에게 명을 내려 유자광을 대궐로 불렀다. 유자광은 세조를 알현하고 이시애의 난을 토벌하는 방략을 아뢰었다. 세조는 유자광의 해박한 군사 지식에 놀라지 않을 수 없었다.

세조가 토벌군에 유자광을 편입시키자 그는 대공을 세우고 돌아왔다. 덕분에 서자의 신분임에도 불구하고 병조정랑에 임명되었다. 이에 삼사三司의 대간臺諫들이 서자를 병조정랑에 임명할 수 없다고 강력하게 반대했다.

"옛사람이 이르기를, '어진 이는 세우는 데 출신을 따지지 않는다.'고 하였으니, 다만 사람을 얻는 것만을 귀貴하게 여길 뿐인데, 어찌 귀천을 논하겠는가? 경들이 유자광같이 어질 수가 있겠는가? 나는 유자광을 어질다고 하여 서자임에도 벼슬을 할 수 있도록 허통許通시켰는데, 이때에 경들 가운데 한 사람도 말하는 자가 없었다. 지금 비

왕을 조종하는 남자, 간신 임승재

로소 병조정랑에 임명하니, 불가하다고 하는 것은 무엇인가? 경들의 마음에는 다른 관직에는 허통할 수 있어도 오로지 정랑만은 허통하지 못한다는 것인가? 이미 '허통한다.'고 하였으면 무슨 관직인들 허통하지 못하겠는가? 내가 유자광을 허통하는 것은 특별한 은혜인데, 나의 특별한 은혜를 너희가 능히 저지하겠는가? 임금을 섬기되 너무 자주 간하면 욕이 되는 것이고, 친구와 사귀되 너무 자주 간하면 멀어지는 것이다. 혹시라도 다시 말하면 내가 반드시 죄줄 것이니, 너희는 다시 말하지 말고, 술이나 마시고 물러가는 것이 가하다."

세조는 유자광을 반대하는 대간들을 한 마디로 일축했다. 그런데도 대간들은 계속 탄핵했다.

"나는 절세의 재주를 얻었다고 생각하니 다시 말하지 말라."

세조는 흔들림 없이 유자광의 재주를 극찬했다.

이처럼 유자광은 세조에게 발탁되었으나 대간들의 반대가 심해 재주를 마음껏 펼칠 수가 없었다. 오히려 그는 사소한 일로 탄핵되어 귀양을 가기까지 했다.

세조가 죽고 예종이 즉위했다. 구성군 이준이 28세에 영의정을 하고 남이장군은 불과 26세에 병조판서가 되었다. 이준과 남이의 명성이 높아지자 인수대비와 한명회는 긴장했다. 그들은 예종이 병약했기 때문에 28세의 이준이 수양대군처럼 보위를 찬탈할까봐 불안했다. 그들은 이준과 남이가 더 커지기 전에 제거해야 한다고 생각했다. 인수대비와 한명회는 유자광을 불러들였다. 유자광은 정치적 감각이 뛰어난 인물이었다. 그는 살아 있는 권력과 손을 잡고 남이장군이 반란을 일으키려고 했다고 고변했다.

"소인이 급히 계달할 일이 있습니다."

예종 즉위 1년, 해 질 무렵이 되었을 때 유자광이 승정원으로 달려와 승지 이극중과 한계순에게 고했다.

"무슨 일인가?"

이극중이 유자광에게 물었다.

"역모를 고변합니다."

"역모라니? 누가 역모를 일으켰다는 것이오?"

"전 병조판서이자 겸사복장인 남이입니다. 속히 전하에게 고해 주십시오."

유자광이 이극중을 쏘아보면서 말했다. 이극중은 유자광을 데리고 어전으로 달려갔다. 예종은 얼굴이 사색이 되어 유자광을 대했다.

"누가 역모를 일으킨 것이냐?"

"겸사복장 남이입니다."

"상세하게 고하라."

예종이 명을 내렸다. 유자광은 마른침을 꿀꺽 삼킨 뒤에 역모를 아뢰기 시작했다.

"지난번에 신이 내병조內兵曹에 입직할 때 남이도 입직했습니다. 남이가 어두움을 타서 신에게 와 말하기를, '세조께서 우리들을 대접하는 것이 아들과 다름이 없었는데 이제 나라에 큰 상사喪事가 있어 인심이 위태롭고 의심스러우니, 아마도 간신이 음모를 꾸미면 우리들은 개죽음할 것이다. 마땅히 너와 더불어 충성을 다해 세조의 은혜를 갚아야 할 것이다.' 하였습니다."

남이는 병조판서에서 물러난 뒤에 왕궁을 호위하는 겸사복장兼司僕將이 되어 있었다. 남이에 대한 이야기가 나오자 갑사들의 눈이 휘둥그레졌다.

"계속하라."

"오늘 저녁에 남이가 신의 집에 달려와서 말하기를, '혜성이 이제까지 없어지지 아니하는데, 너도 보았느냐?' 하기에 신이 보지 못하였다고 하니, 남이가 말하기를, '이제 천하天河 가운데에 있는데 광망이 모두 희기 때문에 쉽게 볼 수 없다.' 하기에 신이 강목을 가져와서 혜성이 나타난 곳을 헤쳐 보이니, 그 주註에 이르기를, '광망이 희면 장군이 반역하고 두 해에 큰 병란兵亂이 있다.'고 하였는데, 남이가 탄식하기를, '이것 역시 반드시 응함이 있을 것이다.' 하고, 조금 오랜 뒤에 또 말하기를, '내가 거사하고자 하는데, 이제 주상이 선전관으로 하여금 재상의 집에 분경하는 자를 매우 엄하게 살피니, 재상들이 반드시 싫어할 것이다. 그러나 수강궁은 허술하여 거사할 수 없고 반드시 경복궁이라야 가하다.' 하였습니다."

유자광은 남이가 자신에게 거사하자는 말을 했다고 주장했다. 유자광은 왜 이런 고변을 한 것일까. 실록에는 이에 대해 자세히 기록하고 있지 않다. 추측컨대, 그는 살아 있는 권력의 힘이 작용할 때 그 기회를 놓치지 않고 선봉에 선 것이라 할 수 있다.

예종은 즉시 군사 1백 명을 보내 남이를 잡아와 추궁했다.

"신이 어떻게 그와 같은 말을 했겠습니까?"

남이는 유자광에게 거사하자는 말을 한 일이 없다고 부인했다.

"유자광이 본래 신에게 불평을 가졌기 때문에 신을 무고한 것입니다. 신은 충의한 선비로 평생에 악비(岳飛, 남송 초기의 충신이자 명장)로 자처하였는데, 어찌 이러한 일이 있겠습니까?"

"네가 오늘 유자광의 집에 가지 않았느냐?"

"유자광의 집에 가서 술을 마신 일은 있었습니다. 그러나 혜성에 대한 이야기는 했어도 거사에 대한 이야기는 하지 않았습니다."

남이가 부인을 했으나 살아 있는 권력은 예종의 왕권을 튼튼하게 하기 위하여 남이를 역모로 몰아 죽였다. 남이의 옥사에 관련되어 강순, 조경치, 변영수 등이 가혹한 고문을 받고 처형되었다. 살아 있는 권력은 세조의 총애를 받고 민심을 얻고 있던 구성군 이준까지 귀양을 보낸 뒤에 옥사를 마무리 지었다. 이는 사실상 구성군 이준을 제거하기 위한 살아 있는 권력의 음모였고 유자광이 전면에 나서 공을 세운 것이다. 이 과정에서 남이는 가혹하게 고문을 당하고 억울하게 죽었다. 반면에 유자광은 이때의 공로로 익대공신 1등에 책록되고 무령군에 녹훈되었다.

예종이 죽고 어린 성종이 즉위하자 정희대비가 수렴청정을 했다. 성종 8년, 성종이 성년이 되자 정희대비는 수렴청정을 철회하겠다고 선언했다. 그러나 살아 있는 권력에 아부하기 위해 한명회 등이 반대했다.

'임금이 성인이 되면 친정을 하는 것이 당연한데 원로대신이 대비에게 아부를 하고 있다.'

유자광은 이처럼 한명회 등을 탄핵하다가 동래束萊로 유배되었다. 그때 그는 함안의 한 정자에 시를 지어 걸었다. 김종직이 하루는 함양군에 놀러 갔다가 유자광이 지은 시를 보았다.

"자광은 어떤 자인데 감히 이따위 현판을 걸었는가?"

김종직이 나졸들에게 지시하여 유자광의 현판을 떼어내어 불태웠다. 김종직은 시의 내용 때문이 아니라 유자광이 서자이기 때문에 비판한 것이다.

제2장

왕이 명하니 마음껏 놀아라

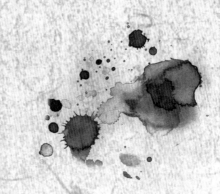

삼양이 태평하니 서광이 빛나누나

설날이라 많은 것은 잔치 올리는 성심

대궐에 가득한 계집은 스스로 교태가 아리따우니

은혜를 더하여 태평을 구가하라

연산군은 조선왕조 5백년 역사상 가장 포학한 임금이다. 삼국시대나 고려시대를 살펴보면 충혜왕이 연산군과 비슷한 면모를 갖고 있었다. 충혜왕은 어린 시절 학문을 배우고 왕자로서의 소양을 닦았다. 그럼에도 절대 권력을 가지게 되자 음행을 일삼고 닥치는 대로 살인을 저질렀다. 이렇게 된 데에는 간신들의 탓도 있지만, 품성 탓이 더 컸다.

연산군이 폭군이 된 것도 일단은 품성 탓이라고 보아야 한다. 그러나 그를 둘러싼 대신들이 바르게 인도하지 못한 탓도 크다. 임숭재와 임사홍이라는 역사에 보기 드문 간신이 없었다면 과연 연산군이 폭군이 되었을까?

연산군의 음행과 살인을 살피기 위해 실록에서 얼마나 많은 사람을 죽였는지 헤아려 본 적이 있다. 발견한 것만 해도 최소 150명이

왕이 명하니 마음껏 놀아라

넘었다. 그렇다면 연산군이 간음한 여자들은 얼마나 될까? 그 숫자는 최소 수백 명이 넘었다. 연산군은 미인으로만 1만 명의 숫자를 채우려고도 했다.

경회루에 꽃이 피다

바람이 일 때마다 오색 등이 나부꼈다. 경복궁 경회루에는 흥청과 운평이 가득했다. 오색 등으로 경회루 일대가 대낮처럼 밝고 여자들의 낭자한 웃음소리와 노랫소리가 그치지 않았다. 경회루 연못에는 커다란 놀잇배 용주龍舟가 찰랑이는 물결 위에 떠 있었다. 임금은 배 위에서 여인들을 거느리고 술을 마셨다.

연산군은 오로지 놀이를 위해 경회루 연못가에 만세산萬歲山을 만들고, 산위에 월궁月宮을 짓고, 채색 천을 오려 꽃을 만들고, 용주를 못 위에 띄워 놓고, 진귀한 산호수珊瑚樹를 못 가운데에 심고, 술에 취해 시를 지었다. 누樓 아래에서는 붉은 비단 장막을 치고서 흥청과 운평 3천여 명이 모여 노래를 부르고 춤을 추었다.

"왕이 명하니 마음껏 놀아라. 놀지 않는 자는 능상凌上을 하는 것이다."

임금이 술잔을 들고 호탕하게 웃으면서 명을 내렸다.

"예."

대신과 승지들이 일제히 머리를 조아렸다. 능상, 임금을 능멸한다는 말에 잔치에 참석한 대신들과 승지들이 혼비백산하여 억지로 술을 마셨다. 대비들을 위하여 베푼 진연(進宴, 대궐에서 열리는 큰 잔치)이라는 구실로 열었으나 전례 없이 화려하고 호사스러웠다. 이러한 잔치가 계속되자 국가 재정은 파탄에 이르렀다. 연산군은 부족한 재정을 메우기 위해 역모로 죽인 대신들의 재산을 모조리 적몰했다.

경회루의 잔치에는 왕가의 종친과 외척들의 부인까지 참석했다. 게다가 외명부의 부인들도 수백 명이 참석하니 지분냄새가 코를 찔렀다.

"대비들을 모셨으니 내가 효를 다한 것이다. 그렇지 않은가?"

연산군이 유쾌하게 웃음을 터트렸다.

"그러하옵니다. 이렇게 성대한 잔치를 베풀어 대비들을 모셨으니 지극한 효성입니다."

승지 강혼이 머리를 조아렸다. 강혼은 학문이 뛰어나 승지가 되었으나 연산군에게 아첨을 하기 위해 항상 그의 시를 칭송했다. 그 바람에 연산군은 강혼에게 수십 편의 어제시를 내렸다.

장녹수는 연산군이 어제시를 내리는 것을 보고 미소를 지었다. 연산군은 기분이 좋을 때 시를 쓰고, 강혼에게 차운(次韻, 남이 지은 시에서 운자를 따서 시를 짓는 것)하게 했다.

꽃과 달을 노래하는 시를 누가 가르쳤나
머물러 보니 그리운 정이 더욱 간절하네
다시 보매 복숭아 오얏꽃을 밝은 햇살이 감싸네

왕이 명하니 마음껏 놀아라

나야말로 삼한에서 제일 호탕하다네
誰敎宸衷花月句
留吟思婉款情高
更看桃李昭陽擁
眞覺三韓第一豪

이 시에는 어떤 의미가 있는가. 이 시는 음률이 뛰어나지도 않고 아름답지도 않다. 술에 취해 쓴 시라서 그런지 오만하기 짝이 없다. 이 시를 보면 연산군의 심리상태가 파탄에 이르렀다는 것을 알 수 있다. 강혼은 이 시가 아름답다고 칭송했다. 강혼이 학문이 뛰어나면서도 사가들로부터 비판을 받은 것은 살아 있는 권력에 아부를 했기 때문이었다. 강혼은 연산군에게 아부를 하여 총애를 받았으나 중종반정이 일어나자 이에 가담하여 공신이 되었다.

연산군은 강혼의 칭송에 흡족하여 다시 시를 써주었다. 시를 쓴 뒤에는 다시 술을 마시고 연자들과 유희를 즐겼다.

'임금은 월산대군의 부인이 마음에 드는 모양이구나.'

장녹수는 연산군의 눈길이 자주 가는 여인을 보고 미소를 지었다. 아니나 다를까.

"잔치가 끝나면 승평부 부인을 남게 하라."

연산군이 장녹수에게 귓속말로 명을 내렸다.

"예."

장녹수는 가볍게 머리를 조아리고 나서 연산군이 점찍은 박씨 부인에게 시선을 던졌다. 박씨 부인은 자신의 운명을 알지 못한 채 얌전히 머리를 조아리고 있었다.

연산군이 백모를 범하다

술에 취한 탓인가. 나비첩지를 꽂은 여인의 얼굴에서 시선을 뗄 수가 없었다. 얼굴은 보름달처럼 둥글고 콧날이 오똑하다. 연산군은 여인을 가만히 살폈다. 다른 여자들은 대부분 쌍꺼풀이 없는데 이 여인은 쌍꺼풀이 있다. 임금의 앞인데도 두려워하지 않는다, 나이가 있기 때문인가. 아니면 임금의 큰어머니가 되기 때문인가. 그것도 아니면 시어머니인 소혜왕후 한씨에게 총애를 받고 있기 때문인가. 경회루에서 잔치를 마치고 서둘러 침전으로 달려온 것은 박씨 때문이었다.

"왕이 명을 내리니 마음껏 놀아라."

연산군은 종친과 승지들에게 영을 내리고 침전으로 왔다.

부왕인 성종에게 상언(上言, 임금에게 사사로운 일로 글을 올림)을 올렸던 여인이었다. 월산대군의 처소인 승평부 소속의 종이 중이 되어 암자에 있는데 사헌부에서 도첩(度牒, 승려 신분증)이 없다는 이유로 잡아서 처벌하려고 하자 성종에게 상언을 올린 것이다.

"노승奴僧이 암자를 지키고 있는데, 사헌부에서 도첩이 없다고 하여 죄를 다스리려고 합니다. 만약 사천(私賤, 사가의 노비)일 경우 양인良人과 공천(公賤, 관노)에 견줄 바가 아니니, 본주本主의 처분에 따라야 할 것입니다. 바라건대 사헌부에서 죄를 다스리지 않도록 영을 내려주소서."

늙은 중이 신분증이 없더라도 자신의 사사로운 종이니 나라에서 처벌하지 말아달라는 뜻이었다. 성종은 그녀의 상언에 따라 늙은 중을 처벌하지 않았다.

연산군은 여인을 조용히 쏘아보았다. 아버지인 성종에게는 형수가 되고 그에게는 백모, 큰어머니가 된다. 어릴 때 어머니를 일찍 여의고 대궐의 궁녀들에 의해 키워진 연산군이었다. 여인의 무릎에도 여러 차례 앉아서 재롱을 떨었다. 그때 코끝에 은은하게 풍기던 여인의 살 냄새를 오랫동안 잊을 수 없었다.

"승평부 부인 문안 인사 올립니다."

연산군이 즉위하고 얼마 되지 않았을 때 박씨 부인이 문안 인사를 드렸다. 임금이 시동생의 아들이니 조카가 된다. 여인은 조카에게 다소곳하게 절을 올리면서 미소를 지었다. 연산군은 여인을 보고 가슴이 뛰는 것을 느꼈다. 대궐에서 문안 인사를 나눌 때 자신도 모르게 함박웃음을 지었다

"예를 거두시오."

연산군은 손을 내저어 승평부 박씨 부인, 월산대군의 처에게 예를 거두게 했다. 옛날에 그녀의 무릎에 앉아서 재롱을 떨던 일이 아련하게 떠올랐다. 그녀의 살 냄새도 코끝에 풍겨오는 것 같았다. 이미 수많은 여인들을 섭렵한 연산군이었다. 그의 눈은 다소곳이 고개를 숙이고 있는 여인의 옷을 함부로 벗기고 능욕하고 있었다. 가슴

이 뛰고 하체가 불끈거린다. 그러나 여인을 품으려면 마땅히 핑계거리가 있어야한다.

　박씨 부인은 연산군이 세자로 책봉되었을 때 대궐에서 더러 인사를 올리기도 했다. 그녀는 불운한 여자다. 그녀의 남편이 왕이 되었다면 지금쯤은 왕비가 되었거나 왕대비가 되었을 수도 있었던 여인이었다.

　예종이 죽었을 때 예종의 아들은 젖먹이였기 때문에 소혜왕후는 월산대군을 후사로 삼아야 했으나 둘째 아들 성종을 후사로 삼았다. 성종과 왕실의 여인들은 그 까닭에 월산대군에게 무거운 짐을 갖고 있었다. 그래서 월산대군이 후사 없이 죽자 승평부 부인 박씨를 대궐에 출입하게 하여 극진하게 예우했다. 성종은 박씨 부인을 형수로 깍듯이 받들고 연산군은 백모로 받들어 모셨다.

　"백모께서 세자의 보양을 맡으시오."

　연산군은 박씨를 가까이두기 위해 세자의 보모가 되라는 영을 내렸다. 연산군의 부인이고 세자의 생모인 왕비 신씨가 멀쩡하게 살아 있는데 그와 같은 중책을 맡긴 것이다. 왕비 신씨는 성품이 단정하고 강직하여 연산군이 폭정을 저지를 때 여러 차례 간언을 올리기도 했다.

　"삼가 명을 따릅니다."

　박씨 부인이 머리를 깊숙이 조아렸다. 지존의 명이기 때문이 아니었다. 사람의 목숨을 파리 목숨 베듯 아무렇게나 해치우는 연산군이기 때문이었다. 영을 거역하면 무슨 꼬투리를 잡아 죽일지 몰라 몸이 떨렸다.

연산군을 응시하는 그녀의 눈빛이 가늘게 흔들렸다. 그것이 벌써 오래 전의 일인데 오늘 경회루 진연에서 다시 만난 것이다.

"세자를 보양하는 것이 어렵지 않은가?"

연산군이 박씨 부인을 살피면서 물었다.

"예. 저하께서 어질어 전하의 어릴 때와 흡사합니다."

박씨 부인이 미소를 지었다.

"어려운 책무를 맡았으니 다과를 내릴 것이다."

연산군이 다과를 내오라는 영을 내렸다. 연산군의 다과는 차와 과자가 아니라 주안상이다. 눈치 빠른 궁녀와 내관들이 황망히 주안상을 들여왔다.

"마시라."

연산군이 박씨 부인에게 술을 따랐다.

"망극하옵니다."

박씨 부인이 다소곳이 대답했으나 선뜻 잔으로 손을 가져가지 못했다.

"마시라."

연산군이 다시 명을 내렸다.

"예."

박씨 부인이 마지못해 술잔을 들어 입으로 가져갔다. 연산군은 그런 박씨 부인을 조용히 응시했다. 이미 40대 후반인 박씨 부인은 얼굴이 둥글고 풍만한 몸을 갖고 있다. 젊은 여인들과 다른 포근함과 아늑함이 박씨 부인에게서 느껴졌다.

"나에게도 술을 따르라."

연산군이 박씨 부인에게 잔을 내밀었다. 박씨 부인이 연산군을 힐 끗 살피고 다소곳이 술을 따랐다. 대궐 어느 곳에선가 두견새가 울 고, 두견새 우는 소리에 공기가 파르르 몸을 떨었다. 바람도 없는데 촛불이 일렁거렸다.

술을 몇 순 배 주고받았다. 박씨 부인의 얼굴에 취기가 올라 발그 스레하게 물들었다. 연산군은 숨이 차오르는 것을 느꼈다.

"한 잔 더 마시라."

내시와 궁녀들은 눈치를 살피다가 모두 밖으로 물러나갔다. 연산 군이 부녀자와 술을 마실 때는 누구도 가까이 접근하지 못한다. 박씨 부인이 술을 따르고 임금이 술을 마셨다.

"가까이 오라."

연산군이 박씨 부인에게 명을 내렸다.

"예.

박씨 부인이 낮은 목소리로 대답하고 가까이 왔다. 연산군의 손이 박씨 부인의 손을 덥석 잡았다.

"전하….."

박씨 부인의 목소리가 가늘게 떨렸다. 연산군의 얼굴은 희고 눈이 붉게 충혈 되어 있었다.

"옷을 벗으라."

연산군이 영을 내리자 박씨 부인은 화들짝 놀라며 아무런 행동을

왕이 명하니 마음껏 놀아라

할 수 없었다.

"벗으라."

연산군이 다시 영을 내렸다. 박씨 부인은 숨이 컥 막히는 것 같았다. 그녀는 자리에서 조용히 일어났다. 연산군은 술잔을 든 채 박씨 부인을 물끄러미 응시했다. 박씨 부인은 연산군의 영을 거절할 수 없었다. 사소한 죄를 지어도 팔다리를 자르고, 인두로 지지고, 뼛가루를 바람에 날리는 잔혹한 연산군이었다. 핏빛으로 번들거리는 연산군의 눈과 마주치자 소름이 돋았다.

박씨 부인은 돌아서서 머리에 꽂은 비녀를 뽑고 치렁치렁한 머리로 운발을 만들었다. 일렁거리는 촛불에 박씨 부인의 머리가 칠윤의 빛을 뿌렸다. 연산군은 요기까지 보이는 박씨 부인의 긴 머리에 자신도 모르게 마른침을 꿀꺽 삼켰다.

아름다웠다.

어슴푸레한 불빛에 드러난 박씨 부인의 자태는 고혹적이다 못해 가슴이 울렁거릴 정도로 뇌쇄적이었다. 연산군은 박씨 부인의 동작을 하나도 놓치지 않으려는 듯이 박씨 부인을 뚫어질 듯이 응시하고 있었다. 박씨 부인의 어깨에서 저고리가 벗겨지고 어깨에 걸쳐져 있던 치마끈이 풀어졌다. 그러자 박씨 부인의 몸에서 옷가지 하나가 스르르 흘러 내려갔다.

"핫핫핫!"

연산군이 광인처럼 웃으면서 박씨 부인에게 달려들었다. 박씨 부인은 눈을 질끈 감았다. 연산군이 그녀를 금침 위에 쓰러트리고 몸을 실었다.

박씨 부인은 속으로 울었다. 그녀는 연산군이 자신을 불렀을 때 자신의 운명이 어떻게 될 것인지 짐작하고 있었다.

연산군은 광인이다. 이미 사대부의 부인들을 대궐로 불러들여 겁탈을 하고 기생들을 끌어 모아 흥청망청 주색에 빠져 있었다.

승평부 박씨 부인은 날이 밝자 황급히 대궐을 빠져 나갔다.

'후후….'

연산군은 박씨 부인이 침전을 나간 뒤에도 우두커니 누워서 천장을 바라보고 있었다. 이미 날이 밝아 대궐 숲에서 새들이 지저귀고 있었다. 젊은 계집들과는 무엇인가 다르다. 그가 접한 수많은 여인네들. 왕비에서부터 후궁, 궁녀, 대신들의 부인, 기생들과 비교해도 다르다.

'시를 쓸 것이다.'

연산군은 박씨 부인이 나가자 벌떡 일어나서 시 한 편을 지었다. 걸핏하면 시를 짓고 승정원에 하사한 임금이었다. 그날도 시를 짓고 사계화(四季花, 월계화) 화분 하나와 함께 승정원에 하사했다.

이슬 젖은 붉고 아리따운 꽃 푸른 잎 속에 만개하여

훈훈한 바람에 취해 누각으로 향기를 보내네.

감상만 하라고 승정원에 하사하는 것이 아니라

천지의 조화를 생각하고 적막함을 이기라는 것이네.

浥露嬌紅翠裏濃,

送香雕閣醉薰風。

不爲玩物銀臺賜,

欲破寥時料化工。

　　연산군은 왜 이런 시를 지었을까. 시를 몇 번이나 되풀이하여 읽어
도 특별한 점은 찾을 수 없다. 그는 그저 꽃이 좋아 시를 짓고 자랑을
하듯 승정원에 내린 것이다. 그러나 시를 지어 승정원에 내리는 행위
는 다분히 자신을 과시하려는 의도가 포함되어 있다. 연산군은 승지
들에게 무엇을 과시하려고 한 것일까. 과시하는 행위는 오히려 심리
적으로 불안할 때 나타난다. 연산군의 광기는 시에 있는 것이 아니라
시를 과시하려는 행위에 있는 것이다.

　　"전하께서 어제시를 내리시니 이게 무슨 일일까요?"

　　"글쎄요. 갑작스러운 일이라 당황스럽기 짝 없습니다."

　　승지들이 우왕좌왕했으나 도승지 이세영 등이 즉시 시를 지어 화
답했다.

　　연산군이 쓴 시의 마지막 구절은 승지들에게 적막함을 이기라는
것이다. 그는 박씨 부인을 간음했으나 여전히 가슴 속이 채워지지 않
았다. 연산군은 이날 이후 끊임없이 박씨와 밀통했다. 그녀에게 세자
를 보양하는 직책을 주고 침전으로 불러들여 정을 통했다. 박씨 부인
에게 걸핏하면 상을 내렸다는 사실에서 연산군의 총애가 극진했다는
사실을 알 수가 있다. 박씨 부인은 몇 년 동안 밀통을 계속하다가 임
신을 하자 왕족의 부인으로 수치스러워 약을 먹고 자살했다.

월산 대군 이정李婷의 처 승평부 부인 박씨가 죽었다. 사람들이 왕
에게 총애를 받아 잉태하자 약을 먹고 죽었다고 했다.

조선왕조실록의 기록이다. 연산군은 30세, 월산대군 박씨 부인의
나이는 40대 초반이었다. 연산군이 어머니처럼 나이가 많은 박씨 부
인과 정을 통한 것도 생모에 대한 그리움 탓으로 추정된다.

'임금이 걸왕이나 주왕처럼 폭정을 하고 있다.'

박원종은 누이가 자진을 하자 누구보다도 치욕스러워 했다. 그
는 연산군의 폭정이 갈수록 심해지자 지인들을 모아 중종반정을 일
으켰다.

장녹수가 연산군에게 욕을 하다

술 냄새와 지분냄새가 코를 찔렀다. 며칠째 임금이 궁녀 장녹수
를 비롯하여 여인네들과 주지육림에 빠져 있었다. 장녹수도 취했고
연산군도 취했다. 몸을 가누지 못할 정도로 취기가 올라 혀가 꼬부
라져 있었다.

"어떻게 놀아야 하느냐?"

연산군이 몽롱한 눈으로 장녹수를 쳐다보았다. 자정이 지난 시간
이지만 구중궁궐 장녹수의 처소는 불빛이 환했다. 연산군이 오늘도
장녹수와 함께 저자거리 기녀놀이를 하고 있었다. 장녹수는 다리를

왕이 명하니 마음껏 놀아라

쩍 벌리고 앉아 있고 임금은 개처럼 엎드려 있었다. 장녹수가 발을 까부는 대로 이리저리 따라다니면서 핥는 시늉을 했다. 장녹수의 저고리는 풀어헤쳐져 허연 가슴이 쏟아져 나와 있었다.

"미친 듯이 놀아라."

장녹수가 주정꾼에게 하듯이 자신의 발을 연산군에게 내밀었다.

"미친 듯이 노는 것이 어떻게 노는 것이냐?"

연산군이 술에 취해 혀가 꼬부라져 있었다.

"이놈아, 미친 것도 모르느냐?"

장녹수는 거침없이 연산군에게 욕설을 내뱉었다.

"모른다. 모르니 묻는 것이 아니냐?"

"이놈아, 개처럼 내 발을 핥아라."

장녹수가 연산군의 얼굴을 향해 발을 까불었다. 연산군이 낄낄대고 웃으면서 장녹수의 발을 핥았다.

"이것이 저자거리에서 하는 짓이냐? 욕설을 어떻게 하느냐?"

"저자거리의 욕설을 알고 싶으냐?"

"그래. 저자거리의 욕설을 해보아라."

"개새끼… 소새끼… 염병할 놈…."

장녹수가 임금을 게슴츠레하게 살피다가 깔깔대고 웃음을 터트렸다.

"또 해보아라."

"니에미 씨부럴 놈…호호."

"헛! 그건 또 무슨 욕설이냐?"

"니 에미와 그 짓을 한다는 욕설이다."

"핫핫핫! 참으로 재미있구나."

연산군이 장녹수에게 욕설을 듣고도 노하지 않고 호탕하게 웃음을 터트렸다. 장녹수가 어떤 욕을 했는지는 알 길이 없다. 그러나 그의 욕설이 노예에게 하는 것이었다면 결코 가벼운 것이 아니었을 것이다. 장녹수와 같이 있을 때 그는 노예가 되었다. 폭군 네로는 로마에 불을 지르고 시를 지었으나 연산군은 주지육림에 빠져 시를 지었다.

장녹수는 왕을 조롱하기를 마치 어린아이 같이 하였고, 왕에게 욕하기를 마치 노예처럼 하였다.

조선왕조실록에 있는 기록이다. 장녹수는 연산군을 조롱하고 욕을 했다. 어떻게 이런 일이 가능했을까. 이는 연산군이 장녹수가 자신을 조롱하고 욕을 하는 것조차 좋아했기 때문이었다. 실록의 기록에 의하면 노예에게 하듯이 욕을 했다고 했다. 연산군에게 피가학자와 같은 병력이 있었던 것일까. 연산군은 장녹수가 욕설을 하는 것을 사랑으로 받아들이고 있었던 것이다.

연산군은 조선왕조 역대 군왕들 중에 가장 음란한 임금이었다. 그는 대궐의 궁녀들은 물론 대신들의 부인들까지 대궐로 불러들여 겁탈했다. 그것도 부족하여 전국에서 여인들을 뽑아 들여 주지육림 속에서 보냈다. 기생들을 불러들여 운평이라고 부르게 했다. 이중 왕에게 간택된 자를 흥청이라고 불렀다. 흥청 중에서 자신과 정을 통한 기생

왕이 명하니 마음껏 놀아라

을 천과흥청이라고 했고, 가까이 모시되 정을 통하지 않은 기생을 지과흥청이라고 불렀다. 정을 통한 기생들에게는 노비와 전답을 하사하여 부귀를 누리게 해주어 기생들의 노비가 되려는 자들이 구름처럼 모여들었다. 이 중에 가장 돋보인 여자들이 장녹수와 전비라는 여인이었다. 전비와 장녹수는 각각 첩지를 하사받아 전 숙원田淑媛과 장소용張昭容이 되었다.

장녹수는 제안대군의 계집종이었다. 충청도 문의 현감을 지낸 장한필과 첩 사이에서 태어났다. 장한필이 뛰어난 인물이 아니었기도 하지만, 장녹수의 어머니가 계집종이었다가 첩이 된 탓에 종모법에 따라 그녀도 노비 노릇을 해야 했다. 어릴 때 시집을 갔으나 팔자가 사나워 일찍 과부가 됐다. 집으로 돌아온 그녀는 그 후 여러 차례 시집을 갔으나 방탕하다는 이유로 번번이 쫓겨서 돌아왔고 마침내는 제안대군의 가노에게 시집가서 아들을 낳았다. 얼굴은 보통 여인네들 수준밖에 되지 않았으나 노래를 잘 불렀다.

'기생들이 호강을 하면서 사는구나.'

장녹수는 기생들이 노래를 부르고 춤을 추는 것을 보고 혼자서 노래를 배웠다. 아들을 하나 두고도 기생에게 노래를 배워 이름을 떨치게 되었으니 노래 부르는 기생, 창기의 기질을 갖고 있었다. 노래를 배워 입술을 움직이기만 해도 사람들의 탄성을 자아냈다.

장녹수의 명성이 높아지자 장안의 한량으로 이름을 떨치던 임숭재가 찾아왔다. 임숭재는 장녹수의 노래에 넋을 잃었다. 왕실의 부마로 벼슬길이 막혀 있던 임숭재는 장녹수와 쾌락에 빠졌다. 임숭재는 장녹수를 통해 예인들과 어울려 춤과 노래를 배우고 처용무를 익혔다.
장녹수는 장안의 한량들을 상대하면서 남자의 심리를 꿰뚫게 되었다.
한량들이 모두 그녀의 치마폭 앞에 무릎을 꿇었다.

"녹수야, 네가 왕을 섬기는 것이 어떠냐?"

하루는 임숭재가 장녹수의 무릎을 베고 누워서 물었다.

"호호. 바람 넣지 마세요, 부마 나리. 녹수가 제 신분을 모르는지 아세요?"

"네 신분?"

"녹수가 천한 종의 딸이라는 것은 한양 사람 누구나 알고 있어요. 부마 나리를 모시는 것으로 만족할래요."

"녹수야."

"예?"

"왕은 남자가 아니냐? 여자를 좋아하지 않을 것이라고 생각하느냐?"

"그렇다고 천한 계집종을 좋아하겠습니까? 왕의 주위에 얼마나 많은 궁녀들이 있는데요?"

"흐흐… 그래도 너처럼 남자의 심리를 잘 알고 있는 여자가 어디 있느냐? 왕을 녹여라. 그러면 천하가 너의 치마 속으로 들어온다."

"제가 임금을 만날 수나 있습니까?"

"그거야 내가 있지 않느냐? 왕을 만나게 해줄 테니 총애를 얻어라. 너는 후궁이 될 것이다."

"후궁이 되어서 무엇 합니까?"

왕이 명하니 마음껏 놀아라

"부귀를 누리고 양반들을 네 앞에서 무릎을 꿇게 할 수 있다. 아들을 낳으면 왕이 될 수도 있지."

"그럼 나리는 무엇을 얻습니까?"

"나는 너와 함께 조선을 다스릴 것이다."

임숭재는 유쾌하게 웃음을 터트렸다.

임숭재는 연산군에게 장녹수를 데리고 갔고, 장녹수는 연산군의 총애를 받아 대궐을 치마폭에 휘어 감았다.

장녹수는 이미 나이가 30여 세였는데도 얼굴은 16세의 아이와 같았다.

봄이 다시 돌아오니 눈 녹는 소리 더디고
따스한 바람 흰 연기에 경치가 기이 하여라
조야가 조용한 것은 나라가 태평한 덕이니
오래 취하여 계집이나 희롱하리
春回紫陌漏聲遲,
風暖輕烟景物奇。
賴是太平朝野靜,
不妨長醉弄粧姬

연산군이 승정원에 내린 어제시다. 연산군이 쓴 시는 호방한 한량의 기개가 느껴지는 시라고 할 수 있다. 그러나 그는 임금이다. 덕으로 백성들을 다스리고 윤리로 모범을 보여야 할 임금이 써서는 안 되는 시다. 그는 스스로를 시정의 한량들처럼 호걸인 체, 영웅인 체하고 있는 것이다.

조선의 국왕은 시를 짓는 것을 금지하고 있다. 나라를 다스리는데 감정적으로 다스리지 않고 이성적으로 다스리라는 뜻이다. 만약 왕이 시를 지으면 대신들이 상소를 올려 금지시켰다. 그러나 연산군은 걸핏하면 시를 지어 승정원에 내리고 승지들에게 차운(次韻, 답시를 쓰는 일)을 하게 했다.

연산군 시대의 승지들은 정치보다 연산군의 시를 칭송하고, 연산군의 음행과 포학한 행위를 뒷바라지 했다. 승지들뿐 아니라 임숭재와 내시들, 그리고 후궁인 궁중의 여인들도 연산군의 음행과 포학한 행위를 도와주고 그 대가로 부귀를 누렸다.

연산군은 장녹수를 총애하여 그녀가 원하는 것을 모두 들어주었고 숙원의 첩지를 내리고 다시 소용의 첩지를 내렸다. 미인이 아니었으나 교사巧詐와 요사스러운 아양이 뛰어나 내시와 궁녀들이 혀를 내둘렀다. 연산군은 국고의 재물을 기울여 장녹수에게 주었고 금과 은, 구슬을 주어 장녹수의 환심을 사려고 했다.

> 왕이 비록 몹시 노했더라도 녹수만 보면 반드시 기뻐하여 웃었으므로, 상주고 벌주는 일이 모두 그의 입에 달렸으니, 김효손은 그 형부이므로 이름을 드날릴 수 있는 관직에 이를 수 있었다

장녹수로 인해 김효손은 벼슬이 올랐고 장녹수의 노비가 되려는 자들이 줄을 이었다. 그러나 화무십일홍이라고 했던가. 장녹수, 전

비, 김 귀비 등은 중종반정이 일어나자 모두 참수형을 당했다.

장녹수는 치명적인 매력을 갖고 있는 위험한 여자였다.

중종반정이 일어났을 때 반란군 군사들은 그녀를 군기시軍器寺 앞으로 끌고 가서 목을 베었다. 성안에 있는 백성들이 구름처럼 모여들어 그녀의 시체에 부서진 기왓장과 돌멩이를 던지고 국부를 훼손하면서 침을 뱉었다.

"일국의 고혈이 여기에서 탕진되었다."

백성들이 그녀의 국부를 훼손하면서 침을 뱉은 것은 장녹수에 대한 원성이 하늘을 찔렀다는 사실을 의미한다.

피바람을 불러 온 궁중 암투

장녹수는 교태와 아양을 잘 떨었다. 연산군은 화가 나는 일이 있어도 장녹수의 한 마디면 눈 녹듯이 풀어져 웃었다. 장녹수는 남자를 손에 넣고 쥐락펴락하는 여성이었다. 여러 차례 시집을 가서 남자 경험이 많았고 제안대군 가노와의 사이에서 아들을 낳기까지 했다. 타고난 염기를 주체하지 못해 집을 뛰쳐나와 기생이 되었다. 춤과 노래를 배워 장안이 떠들썩하게 만든 여인이다. 그러나 호색한인 연산군은 장녹수 하나로 만족하지 않았다. 그는 수백 명의 여자들을 거느렸고, 하루가 멀다 하고 새로운 여자들을 불러들였다.

장녹수는 연산군이 음행을 저지를 때 투기하지 않고 오히려 음행을 부추겼다.

연산군이 총애하는 여인들 중에 전향과 수근비라는 여자들이 있었다. 수근비는 계집종 출신이고 전향은 기생 출신이었다. 전향은 비록 기생이었어도 연산군이 음행을 저지르는 것을 좋아하지 않았다. 특히 장녹수가 교태를 부리는 것을 보고 나라가 망할 징조라고 개탄했다.

'김효손은 노비 출신에 지나지 않는데 벼슬을 하고 있다.'

전향은 장녹수가 사람들에게 뇌물을 받고, 자신의 형부 김효손에게 벼슬을 하사하게 한 것을 비난했다.

'저 계집애들을 용서할 수 없다.'

장녹수는 전향과 수근비가 자신을 비난하자 신경이 곤두섰다. 연산군에게 그녀의 비행이 알려지면 어떤 참혹한 일을 당할 지 알 수 없었다.

'투기를 하지 않아도 나를 비난하는 것은 용서할 수 없다.'

장녹수는 궁녀들이 수군거리는 소리를 듣자 깊은 고뇌에 잠겼다. 그녀들을 제거해야 했으나 마땅한 방법이 떠오르지 않았다. 투기를 하면 연산군에게 죽임을 당할지도 모른다.

"전향과 수근비가 우리의 욕을 한다. 임금이 알면 우리를 죽일 것이다."

장녹수는 전비와 상의했다.

"나도 그 이야기를 들었어요. 그 계집들이 우리를 비난하면 대궐에서 내쫓아야 합니다."

전비도 눈에서 불을 뿜으면서 주먹을 움켜쥐었다. 장녹수는 전비와 머리를 맞대고 상의했다.

"전하, 전향과 수근비는 대궐을 싫어합니다."

장녹수는 연산군이 술에 취했을 때 아뢰었다. 연산군은 술에 취하면 즉흥적이 된다.

"어째서 대궐을 싫어하는 것이냐?"

"대궐이 답답하다고 합니다."

"그 계집애들이 옛 남자를 좋아하는구나. 그렇다면 대궐에서 내보내 주겠다."

연산군은 전향과 수근비를 마포의 서강으로 내쫓았다. 전향과 수근비는 총애를 받는 궁녀의 신분에서 졸지에 평민이 되었다.

"우리가 대궐에서 쫓겨난 것은 장녹수 때문이다."

전향과 수근비는 장녹수에게 분개했다. 다시 대궐로 돌아가고 싶어 궁녀들을 찾아다니면서 장녹수를 비난했다.

"나에게 저항하는 것들은 살려둘 수 없다."

장녹수는 전향과 수근비가 서강으로 쫓겨났어도 만족하지 않았다. 그녀들이 자신을 비난하는 소리를 듣게 되자 더욱 분노했다.

"전향과 수근비는 서강에 살면서 근신해야 하지만 오히려 첩을 비난하고 있습니다."

장녹수가 연산군에게 아뢰었다.

"전향과 수근비에게 곤장 80대를 때리고 강계와 온성으로 유배를 보내라."

연산군이 대노하여 명을 내렸다. 전향과 수근비는 대궐에서 나온 갑사들에게 피투성이가 되도록 곤장을 맞고 귀양을 가게 되었다. 그러자 사람들이 장녹수를 비난했다.

'이 계집애들을 죽이지 않으니 계속 말썽을 일으키는구나.'

장녹수는 자신의 집 대문에 연산군을 비난하는 익명서를 붙이고 연산군에게 고했다.

"익명서를 보자."

연산군이 장녹수에게 명을 내렸다. 장녹수가 조심스럽게 익명서를 바쳤다. 연산군은 익명서를 읽고 대노했다. 익명서에는 임금이 장녹수에게 빠져 정사를 돌보지 않는다고 씌어 있었다.

"누가 붙인 것이냐?"

연산군이 두 눈으로 살기를 뿜으면서 소리를 질렀다.

"밤에 붙이고 달아나 누군지 알 수 없습니다. 다만 저희 집 하인이 보니 유모油帽를 쓴 여자가 말을 타고 지나갔다고 합니다. 이는 저에게 원한을 갖고 있는 전향과 수근비의 짓이 분명합니다."

장녹수가 아뢰었다. 연산군 10년(1504) 6월 8일의 일이었다. 연산군은 즉시 영을 내려 전향과 수근비의 일족을 모조리 잡아들였다. 한양에 무시무시한 검거선풍이 일어났다. 전향과 수근비의 가족들 뿐 아니라 이웃에 사는 사람들까지 모조리 잡혀왔다. 익명서에 임금이 주색에 빠져 있다는 항목이 있었기 때문에 연산군이 대노한 것이다. 유순 등이 빈청에서 전향의 아비 최금산을 형신하고 불로 지지면서 신문했으나 승복하지 않았다.

"이들을 상세히 국문하여 진상을 알아내라. 사실이 명백하니 엄히

왕이 명하니 마음껏 놀아라

다그쳐서 문초해야 한다."

연산군이 엄명을 내려 전향의 가족들은 또 다시 처절한 고문을 당했다.

"최금산을 형신하고 또 낙형하였으나 승복하지 않고 있고 전향의 숙모 또한 승복하지 않습니다."

의금부에서 아뢰었다.

"익명서를 붙일 때에 한 여인이 유모를 쓰고 지나가는 것을 어느 사람이 보았는데, 그 여인이 '이 글은 궁중에 관계된다….' 하였다 하니, 그 사실을 신문하라."

연산군이 다시 명을 내렸다. 유순 등이 전향의 어미와 전향의 아우 춘금, 향비를 형신했으나 승복하지 않았다.

"수근비의 숙모를 잡아와서 하옥하라."

연산군이 다시 영을 내렸다. 수근비의 가족들도 의금부로 끌려와 처절한 고문을 당했으나 승복하지 않았다.

"사실이 명백하나 고문을 하지 않으면 승복하지 않으리라. 이 익명서는 내간의 일을 아는 자가 아니면 이토록 자세하게 적지 못 할 것이다. 이 일은 해묵어서 뒤좇아 묻지 말아야 하겠으나 일이 중대하므로 끝까지 따지지 않을 수 없다. 이는 내가 덕이 없어서 일어난 일이니 매우 부끄럽다. 그 부모 및 종을 형신하기도 하고 낙형하기도 하여 국문하라."

연산군이 불 같이 노하여 명을 내렸다. 그러나 그들은 온갖 처절한 고문을 당하면서도 익명서를 붙인 일을 승복하지 않았다.

"장녹수의 집 종 석을동이 익명서를 볼 때에 한 여인이 유모를 쓰고 지나며 말하기를 '이 문에 붙은 글은 이 집에 관계되니 떼어 가라….' 하여, 을동이 그래서 익명서를 떼었으나 미처 잡지는 못하였거니와, 그 유모를 쓴 까닭은 얼굴을 가리고자 한 것이다. 그 사람이 다른 사람이 지은 양으로 속여서 남이 알지 못하게 하였으나, 궁중의 일을 이 사람이 아니고서는 모르니, 삼족을 없애고자 한다. 비록 방자 따위 미천한 것이라도 대궐에서 나가면 궁중의 일을 말할 수 없거늘, 하물며 전향은 오랫동안 궁녀로 있지 않았는가. 금부 낭청이 배소에 바삐 가서 능지凌遲하고, 그 부모와 동생 및 가족은 낙형하여 정상을 알아내라."

연산군이 더욱 화를 냈다. 전향과 수근비는 귀양을 간 곳에서 능지처사를 당했고 가족들도 모두 고문을 당한 뒤에 죽임을 당했다. 장녹수의 모함으로 수많은 사람들이 목숨을 잃은 것이다. 전향과 수근비의 일가가 몰살을 당하고 이웃사람들까지 죽임을 당하자 한양의 민심이 흉흉했다. 곳곳에서 사람들이 모여서 임금이 포학하다고 수군거렸다.

이는 장녹수가 참소하였기 때문이다. 두 사람은 모습이 고와서 녹수가 마음으로 시기하여 밤낮으로 왕을 부추겨서, 두 사람의 부모 형제를 하루아침에 모조리 죽였다.

조선왕조실록에 있는 기록이다. 실록의 사관은 전향과 수근비가 예뻐서 장녹수로부터 모함을 당했다고 기록하고 있다. 그러나 전향과 수근비가 대궐에서 쫓겨난 뒤에도 장녹수는 모함을 계속했다. 이는 장녹수가 사실상 연산군을 조종하고 있는 것이나 다를 바 없었다. 연산군은 닥치는 대로 대신들을 죽이고 백성들을 살해했다. 연산군이 잔인하게 사람들을 죽이자 직언을 올리는 것이 임무인 삼사는 입을 다물고 말았다.

연산군의 포학한 행위는 사대부들 모두 알고 있었다. 권력자들 중에는 그러한 연산군을 이용하는 자들도 있었다.

신수영은 왕비 신씨의 오라비인데 익명서를 조작하여 수많은 사람들을 죽였다. 연산군 10년(1504) 7월 19일 신수영이 언문으로 된 투서를 비밀리에 연산군에게 바쳤다.

"새벽에 제용감정濟用監正 이규의 심부름이라고 하는 사람이 신의 집에 투서하였기에 살펴보니 흉악하기 짝이 없는 익명서였습니다."

신수영이 연산군에게 아뢰었다.

"이규를 불러서 '네가 무슨 글을 신수영의 집에 통하였느냐.'고 물어 보라."

연산군이 분노하여 명을 내렸다. 의금부에서 이규의 집으로 달려가 체포하여 신문했다.

"그게 무슨 말입니까? 우리는 익명서 같은 것을 쓴 일이 없습니다."

이규가 깜짝 놀라 펄쩍 뛰었다.

"도성의 각문을 닫고, 위장衛將 각 2원과 부장部將 각 4원과 입직한 사복司僕들이 나누어 맡아 지키어 사람이 나가는 것을 금하라. 또 창의문부터 동소문 성 위까지는 내관이 늘어서서 지키고 창의문부터 돈 의문, 남대문, 남산, 동대문, 동소문 성 위까지는 군사들을 동원하여 투서를 한 자가 도망가는 것을 막으라.”

연산군이 서릿발이 내릴 것 같은 목소리로 명을 내렸다. 한양은 신 수영의 밀고로 발칵 뒤집혔다. 성문이 굳게 닫히고 포졸들이 곳곳에 서 행인들을 기찰했다.

개금, 덕금, 고온지 등이 함께 모여서 술 마시는데, 개금이 말하기 를 ‘옛 임금은 난시亂時일지라도 이토록 사람을 죽이지는 않았는데 지금 우리 임금은 어떤 임금이기에 신하를 파리를 죽이듯이 살해 하는가. 아아! 어느 때나 이를 분별할까?’ 하고, 덕금이 말하기를 ‘ 그렇다면 반드시 오래 가지 못하려니와, 무슨 의심이 있으랴.’ 하여 말하는 것이 심하였으나 이루 다 기억할 수는 없다. 사악한 계집을 일찍이 징계하여 바로잡지 않았으므로 가는 곳마다 말하는 것이니, 반드시 화를 입으리라.

익명서의 첫 번째 내용이다. 첫 번째 내용에서는 연산군이 사람들 을 함부로 죽인다고 지적하고 장녹수 등을 비난했다.

조방曹方, 개금, 고온지, 덕금 등 의녀가 개금의 집에 가서 말하기 를 ‘옛 우리 임금은 의리에 어긋나는 일을 하지 않았는데, 지금 우 리 임금은 여색을 구별하지 않는다. 여기女妓, 의녀, 현수(絃首, 무당을 따라 다니면서 거문고를 타던 여인) 들을 모두 대궐로 끌어들이니, 우리 같은 것도 모두 대궐로 들어가게 될 것이다. 임금의 하는 짓이 이와 같은데 어찌 신하가 바른 정치를 하기를 바라겠는가. 아아! 우리 임금이 이렇듯 크게 무도無道하다.' 하였으니, 발언한 계집을 크게 징계하여야 옳거늘, 어찌하여 국가가 있으되 이런 계집을 징계하지 않는가? 이런 계집은 사지를 찢어 죽여야 다시는 욕을 듣지 않으리라.

익명서의 둘째는 임금이 여자들을 대궐로 끌어들이는 일을 비난한 여자들을 죽여야 한다고 되어 있었다. 신수영이 밀고한 내용을 보더라도 연산군이 얼마나 여색에 빠져 있었는지 알 수 있다. 연산군은 익명서를 읽고 전신을 부들부들 떨었다.

우리 임금이 신하를 많이 죽여서 거둥 때에는 반드시 부끄러운 마음이 있으므로 사족의 아낙을 모조리 쫓는 것이며, 이로 말미암아 제 집의 아내로 삼으려는 것이 아닌가. '어느 때에나 이런 대代를 바꿀까?' 하였으니, 이런 계집은 모름지기 징계하여야 한다.

익명서는 연산군이 선비들의 아내를 빼앗는 것까지 비난하고 있었다. 놀랍게도 익명서는 연산군 시대가 바뀌어야 한다고 말하고 있었다. 연산군은 개금 등을 잡아다가 고문했다.
"소인들은 익명서에 대해 전혀 모릅니다."

개금 등은 처절한 고문을 당하면서도 익명서에 대해 부인했다.

"속히 익명서를 붙인 자를 잡아들이라."

연산군이 대노하여 펄펄 뛰면서 명을 내렸다. 그러나 의금부와 포도청을 동원하여 한양을 샅샅이 뒤졌으나 범인을 잡을 수 없었다.

익명서를 쓴 범인이 잡히지 않자 고발하는 자가 있으면 범인의 재산을 주고 면포綿布 5백 필을 상으로 주겠다고 선언했다. 벼슬을 하고 있는 자는 당상관으로 임명하고, 직첩이 없는 자는 정3품의 직첩을 주고, 천민이면 양반이 되는 것을 허락했다. 고발하지 않는 자는 참斬하여 재산을 적몰하고, 모의에 참여한 사람이 자수하거든 죄를 면하게 했다. 익명서 사건으로 두 달 동안 수백 명이 잡혀와 고문을 당했다. 그러나 익명서를 쓴 자는 끝내 잡히지 않았다.

삼양이 태평하니 서광이 빛나누나

설날이라 많은 것은 잔치 올리는 성심

대궐에 가득한 계집은 스스로 교태가 아리따우니

은혜를 더하여 태평을 구가하라.

三陽開泰瑞光華,

宴進誠心元日多。

滿殿紅粧嬌自艷,

昇平絲竹屬恩加。

연산군이 내린 어제시다. 익명서 사건으로 한양이 발칵 뒤집혔는데 연산군은 대궐에 가득한 여자들에게 빠져 태평성대라고 말하고 있었다. 그러므로 이 시는 위선에 가득찬 시라고 할 수 있을 것이다. 연산군이 태평성대라고 표현을 한 것은 전쟁이 없다는 뜻이다. 그러나 백성들은 흉년과 가혹한 세금, 사냥과 토목공사로 도탄에 빠져 있었다. 연산군은 현실을 보지 못하고 있었다.

연산군의 여자 편력

연산군은 자신이 지은 시에서 대궐에 젊은 계집들이 가득하다고 적었다. 연산군이 총애한 여자들은 장녹수와 전비뿐만이 아니었다. 월산대군의 부인 박씨를 비롯하여 대신들의 부인과 첩, 수많은 기생들과 정을 통했다. 그들을 위하여 많은 전각을 짓고 노비와 전답을 하사했다. 그들이 출타할 때는 승지와 내시들이 인도하고 군사들이 호위하게 했다.

전국에서 뽑아 올린 여자들이 1만 명에 이르러 한양이 여자들로 들끓었다. 그녀들의 시종을 드는 노비나 여종들도 1만 명에 이르렀다. 대궐에는 미처 수용할 수 없어서 임숭재의 집 근처에 있는 민가 40여 채를 헐었다. 한양의 인구가 10만 명에 이르지 않았을 때의 일이라 한양이 여자들의 도시가 되었다고 해도 과언이 아니었다.

연산군의 음행은 어떻게 시작된 것일까. 조선왕조실록은 연산군의 음행에 대해 자세하게 기록하지 않고 있다. 그래서 일부 학자들은 연산군의 음행에 대한 기록이 잘못된 것이고, 월산대군의 부인 박씨를 능욕한 것도 거짓이라고 주장한다. 그러나 실록에 음행에 대한 기록이 있고 거짓에 대한 기록은 없다. 기록이 있는 것을 부정하고 기록에 없는 것은 사실이라고 주장하는 것은 소설에서나 가능한 일이다.

조선왕조실록은 연산군이 미행을 나갔다가 정업원의 여승들을 음행하면서 주지육림에 빠져들게 되었다고 기록하고 있다. 단종의 왕비인 송씨가 평생을 보냈던 정업원은 창경궁 건너편 낙산 기슭에 있는 사찰이었다. 부처님을 모시고 여승들이 수도승처럼 지내는 곳이었다. 송씨가 영월 쪽을 바라보면서 하염없이 눈물을 흘렸다는 동망봉이 가깝다.

"이곳은 무엇을 하는 곳이냐?"

연산군이 정업원을 살피면서 물었다.

"정업원으로 노산군의 부인 송씨가 거처하는 곳입니다."

부마 임숭재가 아뢰었다.

"그런데 어찌 사람들이 들락거리느냐?"

"시중을 드는 여자들일 것입니다."

"저 중들이 여자들이라고?"

"그러하옵니다. 여승입니다."

"송씨는 죄인이다. 젊은 것들은 그냥 두고 늙은 것들은 모두 내쫓아라."

연산군은 내시 5, 6명을 거느리고 정업원으로 쳐들어갔다. 그는 몽둥이를 휘둘러 늙은 여승들을 내쫓고 젊은 여승 7, 8인을 남겨 놓

왕이 명하니 마음껏 놀아라

았다.

"너희들이 송씨를 시중드는 것들이냐?"

연산군이 여승들을 쏘아보면서 소리를 질렀다. 그의 눈에서 살기가 뚝뚝 떨어졌다.

"소인들은 부처님을 모시는 자들입니다."

여승들이 공포에 떨면서 대답했다.

"송씨는 죄인이다. 네년들이 송씨의 시중을 드는 것은 죄를 범하는 것이다."

"송구하옵니다."

여승들이 부들부들 떨었다.

"네년들이 죄를 용서받으려면 송씨의 시중을 들 것이 아니라 내 시중을 들어야 할 것이다. 가까이 와서 술을 따라라."

"전하, 소인들은 여승입니다."

"여승이라고? 네년들이 여승인지 아닌지 어찌 알겠느냐? 옷을 벗어라. 내가 계집인지 아닌지 확인할 것이다."

"전하…."

"옷을 벗지 않을 것이냐? 저것들을 몽둥이로 패라!"

연산군이 명을 내리자 내시들이 다투어 여승들을 몽둥이로 후려쳤다. 여승들은 비명을 지르면서 데굴데굴 굴렀다. 연산군은 두려움에 떠는 여승들에게 술을 먹이고 음간했다.

정업원에는 단종의 왕비인 송씨가 그때까지 살아 있었다. 사랑하는 지아비를 왕의 자리에서 내쫓고 영월로 귀양을 보낸 세조의 증손자가 처소에 쳐들어와 여승들을 겁탈하니 기가 막혔을 것이다.

조선시대 여승들은 천민에 지나지 않았다. 연산군이 그녀들을 음행한 것은 천민으로 생각했기 때문이었다.

연산군은 7원院 3각閣을 설치하여 기생들을 거처하게 했는데, 운평, 계평, 채홍, 속홍續紅, 부화赴和, 흡려洽黎 따위의 호칭이 있었으며, 따로 뽑은 자를 흥청악興淸樂이라 하고 악에는 세 과科가 있었는데, 꾐을 거치지 못한 자는 지과라 하고 꾐을 거친 자는 천과라고 불렀다. 꾐을 받았으되 흡족하지 못한 자는 '반천과半千科라 하고, 그중에서 가장 꾐을 받은 자는 작호를 썼는데, 숙화淑華, 여원麗媛, 한아閑娥 따위의 이름을 하사했다.

연산군은 각 고을에 운평을 설치하여 미인을 뽑고 밤낮을 가리지 않고 대궐로 불러들였다. 흥청과 운평들이 쓰는 화장 도구 비용을 모두 백성들에게서 거두어들여 백성들의 원성이 하늘을 찔렀다. 연산군은 대신들이나 왕실 종척들의 부인까지 음행했다.

문신 성세정이 경상도 관찰사로 있을 때에 상주 기생을 사랑하여 집에 데려다 두었다. 연산군이 그녀에 대한 소문을 듣고 대궐로 불러 들였다. 상주 기생은 얼굴이 예쁘고 총명했다. 많은 책을 읽어 연산군이 총애했다.

"너는 성세정이 보고 싶으냐?"

하루는 연산군이 기생에게 물었다. 기생은 눈을 깜박이면서 잠시

왕이 명하니 마음껏 놀아라

생각에 잠겼다. 성세정을 보고 싶다고 하면 반드시 죽일 것이라고 생각했다.

"어찌 그런 마음이 있겠습니까? 그가 저를 집에 두었지마는 사나운 아내를 무서워하여 서로 왕래가 없어 저를 외롭게 하고 괴롭혔으므로 어느 때나 마음이 상하지 않은 적이 없었습니다."

기생이 성세정을 비난했다.

"그렇다면 죽이고 싶으냐?"

기생은 가슴이 철렁했다. 그러나 기생은 임기응변에 뛰어난 여인이었다.

"죽이는 것은 통쾌하지 않사오니 반드시 곤장을 쳐서 변방으로 귀양 보내 갖은 고생을 시킨 뒤에 죽여주십시오."

"핫핫핫! 내가 너의 소원을 들어주겠다."

기생의 말에 연산군이 통쾌하게 웃으면서 성세정을 귀양 보냈다.

'내가 사랑하여 첩으로 삼았는데 매정하구나.'

성세정은 기생 때문에 자신이 귀양을 간다고 생각하여 원망했다. 성세정은 변방으로 귀양지를 세 번이나 옮겨 다니면서 죽을 고비를 넘겼으나 중종반정이 일어나 가까스로 살아남았다.

"기생이 아니었으면 그대는 임금에게 죽음을 당했을 것이다."

누군가 성세정에게 기생의 진심을 알려주었다.

'내가 잘못 알았구나.'

성세정은 뒤늦게 기생의 진심을 알고 그녀를 찾았다. 그러나 그녀는 이미 병을 앓다가 죽은 뒤였다. 성세정은 그녀의 무덤을 찾아가 절을 하고 제사를 지내주었다.

한편, 이런 일도 있었다.

"지난밤 꿈에 예전 주인을 보았으니 매우 괴상한 일이구나."

흥청 기생 하나가 꿈을 꾸고 동무에게 말했다.

"옛 주인이 누구냐?"

"전 남편이지 누구겠어?"

"전 남편을 생각하는 거야? 너 전 남편이 그리운 모양이구나."

"생각하는 게 아니라 꿈을 꾸었다니까. 벌써 몇 번째 꿈에 나타나고 있는지 모르겠어. 참으로 괴이한 일이야."

연산군이 그 말을 듣고 즉시 작은 쪽지에 무엇을 써서 밖으로 내보냈다. 조금 뒤에 궁인이 은쟁반 하나를 받들어 바쳤다. 연산군이 기생에게 열어 보게 하자 기생의 남편 머리가 나왔다. 기생은 통곡을 하고 울었다.

"네년이 옛 서방을 잊지 못하니 죽어서 같이 묻혀라."

연산군은 그 기생까지 죽였다.

연산군이 총애한 또 다른 기생은 장악원에서 해금 타는 기생 광한선廣寒仙과 원주에서 뽑아 올린 기생 월하매月下梅였다. 연산군이 하루는 장악원에 기생을 뽑아 올리라는 영을 내렸다. 장악원에서 4명의 기생을 천거했다.

"요사이 비가 흡족하게 왔으므로 작은 잔치를 두 대비마마께 드리는 것이니, 광한선 등에게 해금을 가지고 들어오게 하라."

연산군이 명을 내렸다. 장악원에서 광한선을 대궐로 들여보냈다.

왕이 명하니 마음껏 놀아라

"가야금과 아쟁 잘 타는 기생을 한 명씩 또 빨리 뽑아 들이라."

연산군이 다시 명을 내렸다. 광한선이 대궐에 들어와 연주를 하는데 그 음률이 지극히 아름다웠다. 연산군은 광한선의 가야금 솜씨에 탄복했다.

"내가 광한선을 가까이하고 싶은데 외부에서 알까 두렵다."

하루는 연산군이 술에 취하여 사사로이 임숭재에게 말했다.

"세조 때에도 네 기생이 있어 때 없이 궁중에 출입하였습니다. 기생을 뽑아 출입시키는 것을 외부에서 어찌 알겠습니까?"

임숭재는 광한선을 대궐에 두는 것을 문제 될 게 없다고 말했다. 연산군은 비로소 광한선을 대궐로 불러들여 총애했다.

원주 기생 월하매는 음률이 뛰어나고 해학을 잘했다. 연산군은 월하매도 총애했는데 갑자기 병이 나서 별원에 옮겨 거처했다. 연산군은 자주 문병을 갔다. 연산군은 그녀가 죽자 여완이라는 칭호를 하사하고 어제시를 지었다.

너무나 애달파서 눈물을 거두기 어렵고
슬픔이 깊어서 잠을 이룰 수 없네.
마음이 어지러워 애간장이 끊어지니
목숨이 상하는 것은 이로 인한 것이라.
悼極難收淚,
悲深睡不成。
心紛腸似斷,

從此覺傷生。

연산군의 어제시는 월하매에 대한 지극한 사랑을 보여준다. 연산군처럼 잔인하고 음탕한 인물이 월하매에게는 왜 이와 같은 사랑을 보여 준 것일까. 그것은 자신이 좋아하는 것에 대한 호감이었을 뿐이다.

임금은 광질狂疾을 앓아 한밤중에 일어나 대궐 후원을 소리를 지르며 뛰어다녔다. 또 무당굿을 좋아하여, 스스로 무당이 되어 북 치고 장구 치면서 폐비 윤씨가 와서 붙은 형상을 했다. 백악사白岳祠에 자주 올라가 굿을 하였으므로, 궁중에서는 그의 광질이 폐비로 인한 것이라고 했다.

조선왕조실록의 기록이다. 연산군은 말년에 이르렀을 때 미치광이가 되었다. 말년에 이르면 제 정신이었을 때가 거의 없다. 그는 왕실에서 가장 우수한 교육을 받았다. 그가 사대부들과 같이 하는 일이라고는 시를 짓는 것뿐이었고 나머지는 춤추고 노래하고 술 마시는 것이었다.

임금이 사약司鑰 황소로와 공효련에게 명하여 청란, 자봉, 연화, 모란, 고소대, 봉래산, 금오, 옥토, 은즉, 황룡과 같은 등을 만들어 경회루에 매달았다. 오색 등이 천태만상으로 나부껴 귀기가 흐르기까

왕이 명하니 마음껏 놀아라

지 했다. 금은주취金銀珠翠로 꾸며 비용이 무려 1만 냥이나 들었는데, 만세산 밑에 달고, 왕이 황룡주黃龍舟에 올라 구경하였다. 부용향芙蓉香 수백 다발을 태우고 납거蠟炬 1천 자루를 늘어 세워 밤이 낮처럼 밝은데, 흥청 수백 명이 늘어 앉아 풍악을 연주했다.

실록에 연산군의 방탕한 잔치가 기록되어 있다. 연산군은 기생들을 좋아했다. 그가 기생들과 주지육림에 빠져 잔치를 벌이는 것은 주로 경회루였다.

처용무를 좋아한 연산군

연산군은 임숭재와 장녹수와 어울리면서 술과 여자에 빠져들었다. 갑자사화가 일어난 뒤에 그는 완전히 광인이 되어 있었다. 조정은 모두 대신들에게 맡겨 두고 술과 여자에 탐닉했다. 그가 수많은 여자들과 음행을 저지른 데서 알 수 있듯이 그의 폭정에는 임사홍과 그의 아들 임숭재가 주도적인 역할을 하고 있었다. 임사홍은 채홍사가 되어 여자들을 전국에서 끌어 모았고 임숭재는 연산군과 함께 음행을 저질렀다. 그럼에도 갑자사화의 피바람이 불자 대간들은 직언을 올리지 못했다.

연산군은 임숭재의 집 주위 40여 채를 헐어 담장을 높이 쌓고 창덕궁과 통하게 했다. 연산군은 걸핏하면 임숭재의 집에 가서 술을 마시고 노래를 하면서 주색에 빠져 지냈다.

임숭재는 타고 난 한량으로 노래와 춤에 뛰어났다. 그가 춤을 출 때는 학이 날아와 추는 것 같았고 노래를 부를 때는 천상에서 들려오는 것 같았다. 처용무에 능하고 또 활쏘기와 말타기도 잘하여 연산군과 항상 짝이 되어 놀았다. 그러나 그에게 죽음의 그림자가 서서히 다가오고 있었다. 연산군이 권좌에서 추방당하기 불과 1년 전인 연산군 11년 11월 1일 임숭재는 숨이 끊어졌다.

"풍원위 임숭재가 병이 들었습니다."

내시가 달려와 아뢰었다.

"뭣이? 풍원위에게 어의를 보내라."

연산군이 놀라서 소리를 질렀다.

"이미 명이 다하여 경각에 이르렀다고 합니다."

"안타깝다. 그의 소원이 무엇인지 알아보라."

연산군은 임숭재가 병이 들었다는 말을 듣고 내시를 보내 문안하기까지 했다. 연산군은 이미 제 정신이 아니었다. 불현듯 임숭재가 귀신이 되어 자신을 해칠까봐 두려웠다.

'임숭재가 죽어서 귀신이 되면 제 처와 간음한 일을 떠버릴지 모른다.'

연산군은 임숭재가 죽자 원귀가 될 것이 두려웠다. 그는 내시를 보내 임숭재의 관을 열고 그의 입에 무쇠 조각을 쑤셔 넣었다. 귀신이 되어도 말을 못하게 한 것이다. 임숭재의 입에 쇳조각을 쑤셔 넣은 것은 황당한 일일 수도 있지만 당시에는 대부분의 사람들이 귀신이 존

왕이 명하니 마음껏 놀아라

재한다고 믿었다. 연산군이 굿을 좋아한 탓이기도 하다.

중국 당나라의 측천무후는 당 고종의 후궁인 왕숙비를 음모를 꾸며 죽였다. 왕숙비가 죽기 전에 귀신이 되어 찾아올 것이라고 측천무후를 저주했다. 측천무후는 공포에 질려서 왕숙비의 팔다리를 자르고 그 시체를 술독에 담갔다. 술에 취한 귀신이 찾아오지 못할 것이라고 생각한 것이다.

아무튼 연산군에게 아부하여 주색을 같이 했던 임숭재는 젊은 나이에 병으로 죽었다. 사람들은 그가 죽자 천벌을 받은 것이라며 통쾌해 했다.

중종반정이 일어나자 의금부가 임사홍과 그의 아들 임숭재를 모두 부관참시하고 가산을 적몰하기를 청했다.

"부관의 형벌은 예로부터 쓰는 경우가 드물었다. 그런데 근래에는 일상적인 것으로 여기곤 하니, 나는 잠저에서 들을 적마다 늘 안타까운 생각이 들었었다. 임사홍의 죄는 실로 용서할 수 없으니 아뢴대로 단죄하라. 임숭재는 옹주가 아직 살아 있으므로 내가 차마 형을 주지 못하겠으니, 하사한 집을 거두어들이고 그의 묘석을 철거하기만 하라."

중종은 혜신옹주 때문에 임숭재를 부관참시하는 것을 반대했다. 그러나 임숭재는 천하의 악인이다. 수많은 사람들이 부관참시를 요구하자 중종은 더 이상 버티지 못하고 부관참시를 윤허했다.

연산군이 길에서 간음하다

조선의 국시인 유학은 인성을 중요시한다. 그러나 연산군에게서는 인성이라고는 찾아볼 수가 없다.

연산군은 사냥을 자주 가고 놀이도 자주 나갔다. 말년에는 흥청을 비롯하여 많은 여인들과 음행을 즐겼다. 연산군 12년 7월 7일 그는 경복궁에서 대비에게 잔치를 베풀었다. 대비는 성종의 계비인 정현왕후 윤씨를 말하는 것으로 슬하에 소생이 없었다. 폐비 윤씨로 인해 연산군과 악연을 갖고 있는 소혜왕후 한씨와는 달랐다. 경복궁의 잔치에는 흥청 1천명이 동원되었다.

"말 천 필을 들이라."

연산군이 술에 취해 영을 내렸다.

"전하, 말은 어찌하여 들이라고 하십니까?"

승지들이 의아하여 연산군에게 물었다.

"탕춘대蕩春臺로 나갈 것이다."

연산군은 흥청 1천명을 말에 태워 북한산 계곡에 있는 탕춘대로 놀이를 나갔다. 탕춘대로 나가면서 문관과 성균관 유생들에게 가마를 메게 했다. 성균관 유생들은 전에 없는 일이라 경악했다. 유생들이 삼삼오오 모여서 웅성거리자 연산군의 눈에 핏발이 섰다.

"네놈들이 감히 왕명을 거역하는 것이냐?"

"전하, 유생은 학문을 하는 선비들인데 어찌 가마를 멜 수 있겠습

왕이 명하니 마음껏 놀아라

니까?"

유생 하나가 두려움에 떨면서 대답했다.

"저놈을 끌어내어 곤장을 쳐라."

연산군이 추상같은 명을 내리자 갑사들이 우르르 달려들어 유생에게 사납게 곤장을 때렸다.

"저놈을 성균관에서 추방하라. 다시는 성균관에 들어오지 못할 것이다."

연산군의 영이 내리자 유생들의 얼굴이 사색이 되었다. 곁에서 지켜보던 대간들과 승지들도 두려움에 떨었다.

"대간도 가마를 메게 합니까?"

승지가 연산군에게 물었다.

"사람이 부족하니 대간도 충당하지 않을 수 없다."

연산군의 지시에 의해 대간들도 여자들의 가마를 메고 다녀야 했다. 대간들은 청직이라 하여 강직한 것을 자랑으로 삼았으나, 연산군 시절에는 가마를 메고 다니면서 글을 짓고 상을 받았다. 후세 사람들이 그것을 치욕스럽게 생각했다.

'성인의 학문을 공부해야 할 선비에게 어찌 금수와 같은 짓을 시키는가?'

유생들은 모멸감을 느끼고 성균관을 떠났다. 그러나 많은 유생들은 기꺼이 연산군의 명에 따랐다. 연산군은 유생들에게 시를 짓게 하여 마음에 들면 상을 주었다.

연산군이 유생들로 하여금 가마를 메게 했는데도 선비로서 부끄러운 줄도 모르고 붓과 벼루를 소매 속에 넣고 다니면서 상 받기를 희망하여 선비의 기습(氣習, 집단이나 개인의 습성)이 크게 무너졌으니 어찌 한심한 일이 아니겠습니까? 지금 마땅히 선비의 기습을 고치고 추향趨向을 바로 잡는 일을 급선무로 하여야 되겠습니다.

조광조가 중종에게 아뢰었다. 추향을 바로 한다는 것은 유생의 자세를 바로 한다는 것이었다. 연산군은 탕춘대로 가다가 돌연 길가에서 궁녀와 음행을 하여 사람들을 경악하게 만들었다.

왕이 금중禁中에 방을 많이 두어 음탕한 놀이를 하는 곳으로 삼았다. 또 작은 방을 만들어서, 언제나 밖으로 나가 즐길 때면 사람들을 시켜서 들고 따르게 했다. 길가일지라도 흥청과 음탕한 놀이를 하고 싶으면, 문득 이것을 설치하고서 들어갔는데, 그 방을 이름 붙여 '거사擧舍'라고 불렀다.

실록의 기록이다. 연산군은 행렬을 할 때 거사라는 작은 집을 들고 따라오게 하다가 문득 생각이 나면 행렬을 멈추게 하고 여자를 거사로 데리고 들어가 음행을 했다. 그런데 이러한 음행을 하는데도 사대부들은 전혀 직언을 올리지 않고 있었다. 오히려 연산군은 자신이 음행을 저지르고 있다는 것을 잘 알고 있었으며 이를 거리끼지 않았다.

왕이 명하니 마음껏 놀아라

옛적부터 호걸스러운 제왕들이 풍류와 여색에 빠진 자가 많았으나
국가의 흥망이 이에 있지 않았다. 비록 덕이 요 임금과 순 임금보
다 낫더라도 임금은 약하고 신하는 강하여 하나도 어진 보필이 없
고 이극균과 같은 무리가 많으면 위태한 나라를 면하기 어려운 것
이요, 비록 풍류와 여색에 빠지더라도 국세가 당당하여 이윤과 부
열 같은 신하가 조정에 가득하면 위태롭게 하려 해도 되지 않고 국
가의 복조가 무궁한 것이다. 국가의 안전과 위태는 신하가 충성스
럽고 간사하기에 달려 있는 것이니, 당나라가 멸망한 것도 풍류나
여색에 연유한 것이 아니다.

연산군은 나라를 망친 것이 풍류와 여색에 있는 것이 아니라 간
신에게 있는 것이라고 스스로를 변명했다. 그는 조선의 국왕으로서
절대 권력을 휘두르고 있었다. 음행을 하면서 무당놀이를 하고 걸핏
하면 승정원에 어제시를 내렸다. 그의 어제시는 한낱 유흥에 지나지
않았다.

복숭아 심어 열매가 쌍으로 열렸는데
하룻밤 광풍에 정원에 한 가득 떨어졌네.
기르고 가꾼 공이 허사로 돌아가니
무슨 일로 하늘은 이다지 무정한가
移栽桃樹結雙成。
一夜狂風盡落庭。

灌養殷勤空自棄,
天公何事太無情

다분히 감상적인 시다. 연산군의 심리 상태가 비교적 평온했을 때 쓰인 것으로 보인다. 그러나 연산군의 평온은 오래 가지 않았다. 연산군은 7월18일 흥청 1천명을 데리고 두모포(료毛浦, 옥수동)으로 놀이를 나갔다. 흥청 1천명에 호위군사, 대신과 내시, 궁녀, 가마꾼까지 수천 명이 동원되었다. 임금의 행차니 백성들의 통행을 금지시키고 행렬이 길게 이어졌다. 깃발은 하늘 높이 펄럭이고 취타대가 연주하는 소리가 경쾌하게 울려 퍼졌다.

"어가를 멈춰라."

광희문을 지났을 때 연산군이 행렬을 멈추게 했다.

"흥청을 거사로 들이라."

연산군이 영을 내리자 흥청이 거사로 들어왔다. 연산군은 거사에서 흥청과 간음했다. 가마를 메는 유생들이 모두 등을 돌리고 눈을 감았다. 때는 음력 7월18일, 아침저녁으로 소슬바람이 불었으나 볕이 따가웠다.

조선왕조실록을 보면 연산군은 말년에 거의 국정을 돌보지 않았다. 연산군은 광대놀이를 즐기고, 여자들과 음탕한 짓을 저지르고, 사냥을 자주 다녔다. 연산군이 사냥을 가는 곳은 주로 청계산이었는데 그는 재상들이 금기로 여기는 농사철에도 사냥을 나가 백성들의 원성을 샀다.

"청계산에서 사냥을 하면 그 곳의 벼농사를 망칠 것입니다. 사람과 말이 벼를 밟아 손상시킬까 염려됩니다."

영의정 한치형이 아뢰었다. 연산군은 한치형의 말에 불쾌한 표정을 지었다. 한치형의 말은 사냥을 나가려고 하는 그의 생각에 찬물을 끼얹는 것이었다.

"10월은 바로 사냥할 시기이다. 백성들이 벼를 수확하지 않는 것은 바로 백성들의 과실이니, 이 때문에 사냥을 폐할 수는 없다."

연산군은 한치형을 차가운 눈으로 쏘아본 뒤에 사냥 나갈 준비를 했다. 그때 하늘이 잿빛으로 어두워지면서 천둥번개가 몰아쳤다. 연산군은 푸른 섬광이 번쩍이고 뇌성이 귀청을 찢을 듯이 요란하게 때리자 깜짝 놀랐다.

"지금 10월에 뇌성 소리가 나니 혹시 사냥하기 위하여 군사를 동원했기 때문에 그런 것이 아니겠는가."

연산군이 승지들을 불러 물었다.

"하늘의 도道가 현묘玄妙하고 심원深遠하여 진실로 쉽사리 헤아릴 수 없습니다. 단, 8월이 되면 우레 소리가 걷히게 되는 것입니다. 《시경》에도, '10월 계절이 바뀔 때에 뻔쩍뻔쩍 뇌성과 번개가 몰아치는 것은 좋지 않으며 편안하지 않아서이다.' 하였으니, 지금 이 우레 소리는 과연 정상이 아닙니다."

승지 권주가 아뢰었다. 연산군은 권주의 말에 더욱 불안감을 느꼈다.

"사냥하는 일을 정지토록 하고 직언을 구하는 전지를 의정부에 내리라."

연산군이 권주에게 명을 내렸다. 구언은 나라가 위태롭거나 어려운 일이 닥쳤을 때 어떤 말을 하더라도 죄를 묻지 않는 것이다. 아침나절에 사납게 몰아치던 천둥번개는 점심때가 되자 그치고 하늘이 맑게 개었다.

"천둥 번개가 그쳤으니 다시 사냥을 나갈 것이다. 모두 사냥을 갈 준비를 하라."

연산군이 명을 내렸다. 대궐은 연산군의 명이 떨어지자 분부하게 움직이기 시작했다. 연산군이 청계산으로 사냥을 나갈 때는 한강을 건너야 했다. 그러나 적게는 수천 명에서 수만 명의 군사가 건너야 했기 때문에 배를 타고 건너는데 오랜 시간이 걸렸다.

"강을 건너는데 시간이 이렇게 오래 걸려서야 어찌 사냥을 하겠느냐? 강에 배다리를 놓아라."

연산군이 명을 내리자 한강에 배다리를 건설하기 시작했다. 배다리는 배를 모아서 연결하고 그 위에 목재로 다리를 놓고 판자를 깐다. 판자를 깐 뒤에는 흙을 덮기도 한다. 배다리니 배가 필요하고 목재가 필요했다. 수많은 노동자들이 필요하여 장정들이 강제로 동원되었다. 연산군의 배다리 건설에는 한강과 서해안 일대의 배 8백여 척도 강제로 동원되었다. 그러나 그들에게는 어떤 보상도 이루어지지 않았다.

정조도 수원화성에 행차하느라고 한강에 배다리를 건설했다. 그러나 그는 비용을 최소한으로 줄였고, 동원한 백성들에게는 일일이

왕이 명하니 마음껏 놀아라

노임을 지급했다. 그러나 연산군은 사냥이 끝난 뒤에도 배다리를 철거하지 않았다. 해운에 관련된 일을 하는 선주와 나루꾼들은 삶의 수단을 빼앗겨 고통스러웠다. 백성들은 사냥이 끝나자 배다리를 철거해 달라고 청했다.

"사냥이 끝났으니 배다리를 철거해야 합니다."

대신들이 아뢰었다.

"배다리를 철거한 뒤에 다시 건설하려면 시간이 많이 걸린다. 철거하지 마라."

연산군은 대신들의 청을 일축했다. 배다리 때문에 강제로 배를 징발 당한 선주들은 통곡했다.

연산군은 자주 사냥을 나갔다. 어느 때는 내시를 비롯하여 수십 명의 수행원만 거느렸고 수만 명을 거느리고 사냥을 갈 때도 있었다.

"청계산에서 사냥할 때에는 징집해 온 군사 3만 명 외에 2만 명을 더 뽑아서 5만 명을 채우라. 또 가선대부 이상은 품종品從 10인을, 통정대부 이하는 5인을 내게 하라. 온 나라 백성은 왕의 신하 아닌 자가 없은즉, 이것도 또한 공가公家의 물건이다. 만약 싫어한다거나 꺼리는 자가 있으면 중벌로 다스리라."

연산군이 무시무시한 명을 내렸다. 5만 명의 군사를 동원하는 것도 부족하여 대신들의 종까지 동원했다. 연산군은 백성들이 왕의 신하가 아닌 자들이 없다고 했고, 공가의 물건이라고 했다. 백성들을 물건 취급하는 왕이니 폭군이 되는 것은 당연한 일이다.

연산군의 사냥에 동원되는 군사는 약 5만 명, 일부가 한강 남쪽에 있는 군사들이라고 해도 한양 쪽에서 대부분의 군사가 동원되었다. 게다가 5만 명의 군사들 외에 대신들의 노비들까지 동원하여 그 숫자가 헤아릴 수 없이 많았다. 그러나 한두 번 사냥을 나간 뒤에는 팽개쳐두고 문득 생각나면 사냥을 나가는 바람에 배다리를 철거할 수 없게 만들었다.

"한강 부교의 배는 비록 해빙이 되더라도 철거해서는 안 되니, 선박을 많이 준비하여 훼손되는 대로 보완하여 견고하게 하라."

연산군은 백성들의 배를 동원하여 부교를 만들고도 철거하지 못하게 했다. 농사철에도 사냥을 나갔다. 5만 명에 이르는 군사들이 동원되자 오가는 길을 닦아야 했다. 길을 닦는 데에는 백성들이 동원됐다. 백성들은 길을 닦느라 농사를 짓지 못했다. 게다가 군사들이 지나가면서 논과 밭을 짓밟아 피해가 이만저만이 아니었다.

제3장
꽃과 나비의 전쟁

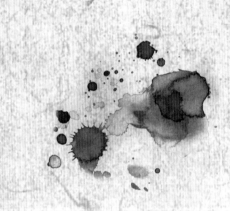

풍요로운 염기와 농염한 색기
뇌쇄적인 자태가 융융하여 향기조차 아까워라.
말없이 요대 난간에 홀로 서 있으니
어지러이 날다가 꽃 숲에 잠든 나비를 지켜주네

　연산군은 왜 폭군이 되었을까. 연산군의 비극은 그 아버지 성종과
어머니 폐비 윤씨로부터 시작된다. 생모인 폐비 윤씨가 서인으로 강
등되어 사약을 받고 죽으면서 그는 어머니의 따뜻한 사랑을 받지 못
하고 자랐다. 아버지인 성종도 연산군에게 따뜻하지 않았고, 할머니
인 인수대비, 소혜왕후 한씨는 더욱 냉랭했다.

　소혜왕후 한씨는 수양대군 세조의 며느리다.

　수양대군 세조는 어린 임금인 단종을 몰아내기 위해 계유정난을
일으켰다. 김종서와 황보인을 척살하고 살생부를 휘둘러 대신들을 죽
이고 권력을 장악했다. 어린 임금을 협박하여 보위에서 물러나게 하
고 스스로 왕이 되었다. 그러나 성삼문 등 사육신이 단종 복위 운동
을 일으키자 그들을 잔인하게 고문한 뒤에 모조리 참수했다. 세조는
상왕으로 물러나 있던 단종을 노산군으로 강봉하여 영월로 보낸 뒤

에 금부도사를 보내 목을 졸라 살해했다. 그러나 세조는 얼마 지나지 않아 죽음을 맞이했다. 세자가 일찍 죽었기 때문에 그의 둘째 아들이 예종으로 즉위했다. 예종은 불과 14개월밖에 왕위에 있지 못했다. 예종은 병으로 죽은 것으로 보이지만 독살을 당했다는 주장도 제기되었다. 예종에게는 젖먹이 아들이 있었다. 소혜왕후 한씨는 예종이 죽자 한명회와 손을 잡고 예종의 젖먹이 손자 대신 자신의 둘째 아들 성종을 즉위시켰다.

권력을 장악한 성종

세조의 두 아들은 모두 요절했다. 첫째인 의경세자는 보위에 오르지도 못하고 죽고 둘째인 예종은 보위에 오른 후 얼마 있지 않아 죽었다. 첫째인 의경세자의 부인 소혜왕후 한씨는 과부가 되었다. 그녀는 세조가 계유정난을 일으키고 왕위에 오를 때 맏며느리로서 상당히 정치적인 역량을 발휘했다. 그녀에게 월산대군과 자산군이 있었으나 의경세자가 요절하는 바람에 권력의 핵심에서 멀어졌다.

의경세자가 죽자 세조의 둘째 아들인 해양대군이 왕세자로 책봉되고 보위에 올라 예종이 되었다. 예종은 불과 13개월 동안 재위에 있었다. 그가 위독해지자 소혜왕후는 발 빠르게 움직여 자신의 둘째 아들 성종을 보위에 오르게 했다. 예종에게는 세 살짜리 아들 제안대군이 있고 의경세자에게는 월산대군과 성종이 있었다. 그러나 월산대군이 허약했기 때문에 성종이 불과 13세의 나이로 보위에 오르게 된 것이다.

예종의 아들 제안대군이 보위에 오르지 못한 것은 단종의 예에서 보듯 왕이 유약할 경우 왕족이 보위를 찬탈할까봐 두려웠기 때문이었다. 소혜왕후는 성종이 보위에 오르자 구성군 이준을 제거했다. 이준은 세조의 총애를 받아 26세에 병조판서가 되었고 28세에 영의정이 되었으므로 정희왕후와 소혜왕후는 그를 역모로 몰아 귀양을 보낸 것이다.

성종은 13세에 즉위했으나 정희왕후가 수렴청정을 하고 한명회와 신숙주 같은 원로대신들이 원상제院相制로 국정을 이끌었다.

연산군의 생모 폐비 윤씨는 죽은 판봉상시사判封常寺事 윤기견의 딸로 1473년에 숙의가 되었다. 실록에는 나이에 대한 기록이 없으나 서삼릉의 태실에서 발견된 태지에 1455년 6월 1일 태어났다고 했으니 성종이 17세, 그녀가 19세가 되었을 때 숙의가 된 것이다.

야사에는 그녀가 성종보다 12세가 더 많다고 했으나 출처가 분명하지는 않다.

> 대왕대비가 호조戶曹에 영을 내리기를,
> "윤기견과 윤호의 집에 각각 면포綿布 1백 필疋, 정포正布 50필, 쌀 50석碩을 내려 주어라."
> 하였으니, 그것은 딸들이 장차 대궐로 들어올 것이기 때문이었다.

실록의 기록에 의하면 한명회의 딸 공혜왕후가 죽기 1년 전에 내린 영이었다. 윤호의 딸은 훗날 정현왕후가 된다. 이 사실로 미루어 보면 야사와 전혀 다르다. 연산군의 어머니 폐비 윤씨는 성종보다 12세가 많다고 했으나 잘못된 것이고 어릴 때 대궐로 들어왔다는 것도 사실이 아니다. 그녀는 윤호의 딸과 함께 후궁으로 간택되어 대궐로 들어온 것이다.

1년 후 한명회의 딸 공혜왕후가 불과 18세의 나이에 죽었다. 한명회는 성종의 장인이었으나 공혜왕후가 죽으면서 점점 권력에서 멀어지게 되었다. 윤기견의 딸이 어떤 연유로 대궐에 들어오게 되었는지는 알 수 없다. 그러나 정희왕후가 파평 윤씨이고, 윤기견은 함안 윤씨이기는 하지만, 함안 윤씨가 파평 윤씨에게서 분적 되어 나온 것이기 때문에 정희왕후가 일가의 딸을 후궁으로 들인 것이라고 볼 수 있다. 이는 한명회를 비롯한 원상들을 견제하기 위한 포석이기도 했다.

숙의 윤씨는 성격이 활달하고 거침이 없어서 성종의 총애를 받았고 같은 시기에 들어온 윤호의 딸 역시 총애를 받았다. 정 소용과 엄 소용도 총애를 받아 궁중 암투가 치열하게 벌어지게 되었다.

풍요로운 염기와 농염한 색기
뇌쇄적인 자태가 융융하여 향기조차 아까워라.
말없이 요대 난간에 홀로 서 있으니
어지러이 날다가 꽃 숲에 잠든 나비를 지켜주네

艶富繁紅色膩濃,

惜香憑態惱風融。

無言獨爛瑤臺上,

暗護狂飛蝶宿叢。

연산군이 지은 어제시다. 시의 내용만으로는 연산군의 심중을 헤아리기 어렵다. 연산군의 시에서는 대궐에서 살아가는 여인의 모습이 희미하게 떠오를 뿐이다. 윤씨는 소녀 때 후궁으로 간택되어 대궐로 들어왔다. 비록 15세에서 16세가 되었다고 하더라도 소녀에 지나지 않는다. 그러나 그녀는 어른들에 의해 궁녀로 들어와 비극적인 삶을 살게 된다.

연산군이 태어나다

한명회의 딸 공혜왕후 한씨가 죽으면서 왕비의 자리는 비어 있고 후궁은 여러 명이 되었다. 그녀들은 임금의 총애를 얻기 위해 투기와 질투를 일삼았다. 그녀들의 투기가 심할수록 〈내훈〉까지 쓴 소혜왕후는 엄중하게 질책했다. 그러나 왕의 밤 행사를 막을 수는 없었다. 혈기왕성한 성종은 밤마다 후궁들의 침소에 드나들었다.

성종은 병약했던 다른 왕자들과 달리 세조를 닮아 기골이 장대하고 영특했다. 15세가 되면 친정親政을 해야 했으나 권력을 잡고 있는 정희왕후는 수렴청정을 거두지 않았다. 그녀의 수렴청정은 정치력이 강한 소혜왕후 인수대비가 조종했다. 정희왕후가 성종이 15세가 되었는데도 수렴청정을 거두지 않은 것은 소혜왕후의 영향력 때문이었다. 정희왕후와 소혜왕후는 한명회, 정인지 등 원상들과 손을 잡고 정국을 이끌었다. 성종은 15세가 되었어도 친정에 관심을 갖지 않았다. 그는 하루에 세 번씩 경연을 열어 학문을 열심히 하고 정희왕후와 소혜왕후에게 효성을 다했다. 그러나 19세가 되면서 은근히 친정을 거론하기 시작했다.

'주상이 왜 갑자기 친정을 하려는 것이지?'

소혜왕후는 성종을 조심스럽게 살피기 시작했다.

'역시 계집이 뒤에서 조종하고 있는 것이 분명해.'

성종은 유독 윤씨의 처소에서 나올 때마다 친정에 대해 거론하고 있었다. 노골적으로 요청하지는 않았으나 은근하게 친정을 하겠다고 보채고 있었다. 그러니 소혜왕후는 증거가 없어서 윤씨를 책망할 수 없었다.

'그래. 이제는 친정할 때가 되었어.'

소혜왕후는 아들이 날이 갈수록 총명해지고 있었기 때문에 친정을 해야 한다고 생각했다. 성종 7년(1476) 1월 13일 대왕대비인 정희왕후는 마침내 수렴청정을 거두겠다고 선언했다.

"내가 본디 지식이 없는데도 여러 대신들이 굳이 청하고 주상께서 나이가 어리신 이유로 마지못하여 힘써 같이 정사를 보았던 것인데, 지금은 주상께서 나이가 장성하고 학문도 성취되어 모든 정무를 재결

하여 모두 그 적당함을 얻게 되었다. 더구나 밖에는 정승과 육조와 대간이 있으니 내가 일찍이 물러나려고 하였으나 뜻밖에 중궁이 홍서薨逝하여 시일을 미루어 지금까지 이르게 된 것이다."

홍서는 임금이나 왕족, 귀족 등 신분이 높은 사람의 죽음을 높여 이르는 말이다. 정희왕후가 내시를 시켜 영을 내리자 성종은 당황했다. 그는 일단 정희왕후를 만류하는 시늉을 했다. 그러나 정희왕후는 더욱 강경하게 수렴청정을 거두겠다고 교지를 내렸다.

"대왕대비마마의 교지가 이와 같은데, 내가 아무리 만류해도 윤허하지 않으시니 정승들이 만류하라."

성종이 원상인 한명회와 김국광 등에게 지시했다.

"오늘날의 태평한 정치는 왕대비마마께서 보도한 힘이었습니다. 더구나 수렴 청정하는 것은 스스로 고사가 있는데, 어찌 중지하겠습니까?"

한명회가 정희왕후에게 아뢰었다. 한명회도 정희왕후 등과 정치를 했으나 이제는 어쩔 수 없다고 생각했다. 형식적으로 수렴청정을 거두라고 말했으나 필사적이지는 않았다.

"경 등에게 가부可否를 취取하려는 것이 아니라 다만 경 등으로 하여금 이를 알도록 하는 것뿐이다."

정희왕후가 한명회에게 영을 내리고 성종에게 지시했다.

"나는 자질이 본디부터 민첩하지 못하고 학문도 또한 성취되지 못하여 모든 일을 왕대비마마의 뜻에 따랐는데, 지금 대비께서 나에게 정사를 돌리려고 하므로, 내가 이를 청했으나 윤허하지 않으시고, 원상 등이 또한 이를 청했으나 윤허하지 않으신다.”

성종이 승지들에게 명을 내렸다. 승지들이 정희왕후에게 간곡하게 청했다.

“처음에는 주상께서 나이가 어리기 때문에 내가 국정에 참여했지마는, 지금은 임금의 학문이 고명하니 무슨 일인들 능히 혼자 처리할 수가 없겠는가?”

정희왕후가 다시 사양했다.

“제가 만약 학문이 이미 성취되어 큰일을 결단할 만하다면 여러 신하들이 당연히 저에게 정사를 돌려주기를 청할 것인데, 지금은 원상 등이 저에게 정사를 돌려주지 말도록 청하고 있으니, 원컨대 이를 따르소서.”

성종이 정희왕후에게 공손하게 아뢰었다.

“주상께서 이미 내 뜻을 잘 알고 있다. 나는 지식이 적고 우매한 자질로써 국정에 참여했으니 사필史筆을 더럽힐까 두렵다. 지금부터는 임금이 혼자 결단하고 늙은 부인에게는 편안히 잠자도록 하는 것이 또한 옳지 않겠는가?”

정희왕후는 결국 수렴청정을 거두고 성종이 친정을 하게 되었다. 대비의 수렴청정은 대개 왕이 15세가 될 때 끝이 난다. 그러나 정희왕후는 성종이 20세가 됐을 때까지 수렴청정을 하여 한명회 등의 원상들과 함께 나라를 다스렸다. 수렴청정을 거두는 것이 너무나 당연한 일이었으나 정희왕후와 소혜왕후는 성종이 친정을 하려고 하는 것은 숙의 윤씨가 뒤에서 조종한 것이라고 생각했다.

성종이 친정을 하기 시작한지 얼마 되지 않았을 때 숙의 윤씨가 잉태를 했다. 성종은 윤씨를 각별히 총애했는데 잉태를 하고 몇 달 되지 않자 왕비로 책봉하겠다고 대비들에게 고했다. 대궐에는 세조의 부인인 정희왕후, 의경세자의 부인인 소혜왕후 한씨, 예종의 부인 한백륜의 딸 안순왕후 한씨 등 세 대비가 있어서 이들을 삼전三殿이라고 불렀다. 세조의 부인인 정희왕후는 늙었고 예종의 부인인 안순왕후는 정치에 관여하지 않았으므로 실제로 국사를 다룬 것은 소혜왕후 한씨였다.

"주상, 윤 숙의가 잉태한 지 얼마 되지 않았는데 중전으로 책봉하겠다는 것이오?"

정희왕후가 깜짝 놀라서 물었다.

"사람이 현숙하여 중전이 될 만합니다."

성종이 웃으면서 부드럽게 말했다. 정희왕후는 성종을 귀여워했으나 어머니인 소혜왕후는 달랐다. 그녀는 학문이 높을 뿐 아니라 칼날 같은 성품을 갖고 있었다.

"원자를 생산하면 그때 책봉해도 늦지 않습니다."

소혜왕후가 강력하게 반대했다.

"아닙니다. 숙의 윤씨는 성품이 다정다감하여 국모가 될 만합니다. 모름지기 국모는 어질고 현숙해야 합니다."

"중전을 새로 간택하는 것이 좋겠소. 윤 숙의 친가가 너무 한미하지 않소?"

"사람을 보아야지 가문을 보는 것은 성인들도 꺼리는 바입니다."

"윤 숙의는 과부의 손에서 자랐으니 중전이 될 수 없소."

"과부의 손에서 자랐으니 외척이 발호할 염려도 없습니다."

성종은 뜻밖에 완강했다. 성종이 숙의 윤씨를 왕비에 책봉하겠다고 선언하자 후궁들은 바짝 긴장했다. 그녀들은 다투어 숙의 윤씨를 비난하고 모함했다. 대궐이 왕비 책봉의 일로 발칵 뒤집혔다.

'이는 윤 숙의가 베갯머리송사를 벌인 탓이다.'

소혜왕후는 윤 숙의를 미워하기 시작했다.

"숙의 윤씨를 잘 살펴라."

소혜왕후가 궁녀들에게 영을 내렸다. 그러나 소혜왕후가 엄중한 지시를 내렸는데도 특별한 잘못은 드러나지 않았다. 다만, 내시 이효지가 윤 숙의와 가까이 지낸다는 소문이 들려왔다.

'이놈이 음모를 꾸미는 것이구나.'

이효지는 세조 때부터 내시로 활약하여 예종 때는 상선尙膳의 벼슬에 있었다. 상선은 종2품 당상관이어서 병조에 반당(伴倘, 정3품 당상관 이상에게 주던 병졸)을 달라고 했다가 임금과 조정의 노여움을 사서 귀양을 갔었다. 그러나 이효지는 몇 년 만에 돌아와 윤 숙의 처소에서 내시로 일하고 있었다. 그가 윤 숙의와 손을 잡은 것이 분명하다고 생각했다.

성종이 윤 숙의를 왕비에 책봉하겠다고 요구하자 정희왕후는 허락했으나 소혜왕후는 끝내 허락하지 않았다. 그러나 친정을 하고 있는 성종은 강력하게 밀어붙여 윤 숙의를 왕비에 책봉했다.

"중전의 자리가 오랫동안 비어 있으니 내가 위호位號를 정하여 위로는 종묘를 받들고 아래로는 국모를 삼으려고 하는데, 숙의 윤씨는 주상께서 중히 여기는 바이며 나 또한 그가 적당하다고 여긴다. 윤씨가 평소에 허름한 옷을 입고 검소한 것을 숭상하며 일마다 정성과 조심성으로 대하였으니, 대사를 위촉할 만하다. 윤씨가 나의 이러한 의사를 알고서 사양하기를, '저는 본디 덕이 없으며 과부의 집에서 자라나 보고 들은 것이 없으므로 주상의 거룩하고 영명한 덕에 누를 끼칠까 몹시 두렵습니다.'고 하니, 내가 이러한 말을 듣고 더욱 더 그를 현숙하게 여겼다."

정희왕후가 조정에 영을 내렸다. 공혜왕후 한씨가 죽고 1년여밖에 되지 않아 조정이 왕비 책봉을 미처 아뢰지 못하고 있을 때였다.

"중망衆望에 매우 합당합니다."

정인지와 한명회가 아뢰었다. 임금이 스스로 왕비를 책봉하겠다는데 거역할 수 없는 일이다. 성종은 20세를 갓 넘겼으나 경연을 자주 열어 학문이 높았다. 성종은 경연을 끝내고 한명회와 정인지와 함께 마주앉았다.

"내가 매우 기쁘다. 경 등의 의사도 알 만하니 한 잔 마시도록 하라."

성종이 기뻐하면서 영을 내렸다. 대신들은 황망하여 성종의 뜻을 받들었다.

"중궁은 한 나라 백성의 어머니이다. 오랫동안 적당한 사람을 구하기 어려웠는데, 숙의 윤씨는 현숙한 덕이 일찍 나타나서 진실로 부녀자의 도리가 합당하므로, 위로 대비를 받들어 중궁을 책봉하는 것이니, 그 사실을 중외에 효유(曉諭, 잘 알아듣게 타이름)하도록 하라."

성종이 조정 대신들에게 선언했다. 왕비 책봉식이 일사천리로 진행되어 숙의 윤씨는 마침내 왕비가 되었다. 그러나 대비들은 왕비 윤씨를 달가워하지 않았다. 윤씨가 왕비 책봉에 감사하기 위해 예를 올리려고 해도 거절했다.

"중궁을 책봉한 뒤에 대비전에 상수上壽하려고 하는데 허락하지 않으시니, 경들도 청하라."

성종이 대신들에게 명을 내렸다. 대궐은 대비들이 왕비 윤씨의 상수를 받아들이지 않자 여기저기서 수군거렸다.

"중궁을 책봉하는 것은 국가의 커다란 경사입니다. 청컨대 상수를 허락하소서."

한명회와 윤자운이 아뢰었으나 정희왕후와 대비들은 끝내 허락하지 않았다. 대궐이 그 문제로 뒤숭숭하게 되었다.

'대비들께서는 왜 나를 미워하시는 것인가?'

윤씨는 대비들로부터 미움을 받자 괴로웠다.

'아무리 그래도 나는 이 나라의 왕비다.'

윤씨는 불러오는 배를 쓰다듬으면서 미소를 지었다. 성종은 후궁이 여럿이었다. 그녀가 잉태를 하고 있는 동안 다른 후궁들의 처소를 찾았다.

'전하께서 나를 너무 멀리하시는구나.'

윤씨는 성종이 없는 밤이 너무 외롭고 쓸쓸했다. 대궐에는 세 대비가 있었으나 예종의 후궁 권 숙의가 내명부를 다스리고 있었다. 권 숙의조차 윤씨를 눈 아래로 보고 있었다.

'원자만 낳으면 누구도 나를 업신여기지 못할 것이다.'

윤씨는 뱃속의 아기가 원자이기를 간절하게 바랐다. 그녀의 가문은 함안 윤씨였으나 한미했다. 게다가 아버지가 일찍 죽는 바람에 어머니가 그녀와 오라버니들을 키웠다. 그런데 그녀의 미색에 대한 소문이 널리 퍼졌고, 정희왕후가 파평 윤씨 윤호의 딸을 후궁으로 들이면서 그녀까지 부른 것이다. 성종을 졸라서 왕비가 되었으나 한미한 집안이라 그녀를 도울 수가 없었다. 게다가 며느리라고 하지만 불같은 성품의 소혜왕후를 거스르고 싶지 않았다.

'나는 반드시 아들을 낳아야 돼.'

윤씨는 잠을 이루지 못하고 뒤챘다. 밖에는 풀벌레 우는 소리가 들리고 있었다.

'이제 곧 겨울이 오겠구나.'

윤씨는 풀벌레 소리를 들으면서 어머니 신씨를 생각했다. 몸을 풀 산달이 가까워지면서 어머니를 대궐로 들어오게 하고 싶었으나 권 숙의가 궁중 법도에 어긋난다고 금지시킨 것이다.

운명의 아이

하늘에서 눈발이 희끗희끗 날렸다. 성종은 양정합養正閤에서 돌아오다가 잠시 하늘을 쳐다보았다. 어두운 하늘에서 눈발이 날려 흰 꽃

송이처럼 떨어지고 있었다. 눈발이 날리기 시작하여 석강을 파하고
경연관들을 일찍 돌려보내고 침전으로 돌아가는 길이었다. 겨울이라
해가 더욱 짧았다. 윤씨가 해산일이 가까워져 산실청이 설치되고 의
관과 궁녀들이 부지런히 움직이고 있었다.

"오늘이 며칠이냐?"

성종이 뒷짐을 짚고 하늘을 쳐다보았다.

"초엿새입니다."

상선 내시 김처선이 대답했다.

"올해는 눈이 많이 오는구나. 눈이 많이 오면 풍년이 든다지?"

"그러하옵니다."

김처선이 머리를 조아렸다. 김처선은 세조 때부터 임금들을 모신
대전내시였다.

"중전의 산일이 오늘이라고 하지 않았느냐?"

"예. 산통이 시작되고 있다고 합니다."

"아이를 낳는 일이 참으로 어려운 모양이구나."

성종은 느릿느릿 산실청으로 걸음을 놓았다.

"전하…."

"산실청 가까이만 가자꾸나."

남자들은 아기를 낳을 때까지 산실청에 가까이 가지 않는다. 김처
선은 성종이 산실청 방향으로 걸음을 놓자 만류하고 있는 것이다.

"예."

김처선이 머리를 조아리고 앞에 섰다. 눈이 푸근하게 내리고 있어

서 더욱 정겨웠다. 산실청은 불빛이 환하게 밝았다. 성종은 산실청 밖에서 서성거리다가 대조전으로 돌아왔다. 그가 밖에 있으면 호종하는 궁녀와 내시들도 눈을 맞아야 한다. 관을 벗고 방에 앉아 책을 펼쳤다. 윤씨가 산통으로 괴로워하고 있을 것이라고 생각하자 우울했다.

성종은 책을 읽다가 깜박 잠이 들었다.

"전하…."

성종이 잠에서 깨어난 것은 내시 김처선이 다급하게 부르는 소리 때문이었다.

"무슨 일이냐?"

성종이 의관을 갖추면서 밖을 향해 물었다.

"전하, 중전마마께서 원자 아기씨를 생산하셨습니다. 감축 드립니다."

"원자를 생산했다고? 그것이 사실이냐?"

"예."

성종은 벌떡 일어나서 밖으로 뛰어나왔다. 밖에는 눈이 그쳤으나 지붕과 뜰에 눈이 하얗게 쌓여 있었다.

"산실청으로 가자."

"예."

성종은 김처선을 앞세워 황급히 산실청으로 달려갔다. 산실청에는 불이 환하게 켜져 있고 의관과 궁녀들이 부산하게 오가고 있었다.

"전하."

의관과 궁녀들이 일제히 머리를 조아렸다.

"수고들 하였다. 산모는 건강한 것이냐?"

"예. 산모와 아기씨 모두 건강하십니다."

"내 친히 살펴볼 것이다."

성종은 산실청으로 들어갔다. 산실청은 미처 정리가 되지 않아 어수선했으나 산모와 아이가 나란히 누워 있었다. 윤씨의 얼굴은 희고 창백했다.

"전하…."

윤씨가 자리에서 일어나려고 했다.

"누워 있으시오. 원자를 생산하느라고 수고하였소."

성종은 윤씨의 손을 다정하게 잡아주었다. 윤씨가 행복한 표정으로 밝게 웃었다. 성종은 눈을 뜨지 못하고 있는 아기를 살폈다. 아기는 아직 핏덩어리에 지나지 않았으나 앙증맞았다.

'이 아이가 내 아이란 말인가?'

성종은 조심스럽게 아기를 안았다. 새로운 생명의 탄생을 본 성종의 눈이 어떤 감동으로 떨렸다.

"전하, 동령銅鈴을 치시옵소서."

제조상궁이 아뢰었다. 성종은 밖으로 나와 산실청 추녀 끝에 매달은 동령을 쳤다. 동령은 비빈이나 후궁들이 순산을 했을 때 임금이 친림하여 치는 것이었다. 민간에서 금줄을 내거는 것과 같은 풍속이었다. 성종이 동령을 치자 어둠 속에서 맑고 청아한 소리가 울려 퍼졌다. 성종은 동령소리를 들으면서 미소가 떠올렸다. 그러나 그 아이가 장차 수천 명의 사람들을 죽일 폭군이 될 것이라고는 꿈에도 생각하지 못했다. 그날은 11월6일 성종이 20세, 윤씨가 22세가 되던 해였다.

"전날 밤 3경 5점에 원자가 탄생하였다."

날이 밝아오자 성종이 기뻐하면서 승지들에게 말했다. 성종은 친정을 한지 얼마 되지 않아 원자까지 생산하여 기쁨이 더욱 컸다.

"우리 조정이 개국한 이후로 문종과 예종은 모두 잠저(潛邸, 종실에서 들어온 임금이 왕위에 오르기 전에 살던 집)에서 탄생하시어서 오늘과 같은 경사는 있지 아니하였습니다. 신 등은 기쁨을 이기지 못하여 하례를 드리오니, 청컨대 사면령을 내리고 백관이 하례를 올리게 하소서."

도승지 현석규, 우승지 임사홍 등이 선정문에 나아가 아뢰었다.

"가하다. 사유문赦宥文을 기초하여 아뢰도록 하라."

성종이 영을 내렸다. 원자가 태어나 나라의 경사니 역모나 고의적으로 살인한 죄수들 외에는 모두 석방하라는 사면령이 내리고 성종은 대신들로부터 하례를 받았다.

한 떨기 꽃 같은 자태 비에 젖어 싱그러우니

교태를 머금었으나 보는 사람이 없구나.

향기를 맡는 것을 승정원에 허락하니

아름다운 꽃을 보는 것이 진실이라고 말하라.

一朵芳姿浥雨新,

含嬌如訴少攀人。

拾香許取銀臺鼻,

須奉寬論賞化眞。

연산군이 쓴 어제시로 그는 평화로운 대궐의 분위기를 노래하고 있다. 그는 축복 속에서 태어났다. 그러나 그의 시에는 어딘지 모르게 어두운 그림자가 드리워져 있다.

피를 부르는 궁중암투, 꽃들의 전쟁

운명의 바람은 어디에서 불어오는 것일까. 연산군이 포대기 속에 안겨 있을 때 그에게 무서운 운명의 바람이 휘몰아쳐 왔다. 뱃속에 연산군을 잉태하여 왕비에 책봉된 윤씨는 아기를 돌보는 일보다 사랑하는 남자를 다른 후궁들에게 빼앗기지 않기 위해 전전긍긍했다. 성종은 혈기왕성한 군주였다. 후궁도 여러 명이었고 그의 손길을 기다리는 궁녀들도 많았다. 그녀가 임신하고 아기를 낳는 동안 다른 후궁들의 처소를 찾았다.

"전하께서 또 다른 궁녀의 처소에 들었다는 말이냐?"

왕비 윤씨는 성종이 다른 후궁들의 처소에 들릴 때마다 화를 내고 신경질을 부렸다. 그가 조선의 국왕이라는 사실을 염두에 두지 않았다. 그러잖아도 소혜왕후의 눈에 벗어나 있는 윤씨였다. 윤씨가 투기를 하기 시작하자 소혜왕후가 엄중하게 나무랐다.

"신첩이 어찌 감히 투기를 하겠습니까? 감히 아뢰는 것은 전하께서 여색을 멀리하는 것입니다."

윤씨가 또렷한 목소리로 반발했다.

"닥치시오. 주상은 성군이 될 자질을 갖고 있는데 부인된 자가 어찌 그런 말을 입에 담는다는 말이오?"

소혜왕후가 눈꼬리를 치켜뜨고 소리를 질렀다. 임금이 후궁을 두는 것은 여색을 가까이 하는 것이 아니다. 임금은 여러 후궁에게서 자식을 많이 낳아 종실을 번성시켜야 했다. 그렇기 때문에 소혜왕후 한씨는 윤씨를 비판하고 있는 것이다.

고부간의 갈등이 시작되고 윤씨와 성종과의 갈등도 시작되었다. 성종은 아버지 의경세자가 요절하여 홀로 두 아들을 키운 소혜왕후에게 효성이 남달랐다. 그런 소혜왕후에게 반발하는 윤씨가 마음에 들지 않았다.

"중전은 어머님께 공손하시오."

성종이 윤씨를 나무랐다.

"전하, 그게 무슨 말씀입니까?"

윤씨가 깜짝 놀라 항의했다.

"자식 된 자가 어찌 부모에게 공손치 못할 수 있소? 이는 칠거지악이라는 것을 모르시오?"

"송구하옵니다. 신첩이 잘못했습니다."

윤씨는 눈물을 흘리면서 사죄했다.

"어머님께는 나도 공손하고 조심하고 있소. 다시는 이런 일이 없도록 조심하시오."

성종은 무겁게 한숨을 내쉬었다. 그러나 윤씨의 투기는 계속되었다. 정 소용과 엄 소용도 윤씨를 투기했다. 여인들이 다투어 투기를 하고 모함을 하자 성종은 진절머리를 냈다.

"중전은 투기를 삼가시오."

성종이 불쾌하여 명을 내렸다. 그는 왕비이자 국모인 윤씨가 자숙해야 한다고 생각했다.

"신첩이 어찌 투기를 한다고 이러십니까?"

윤씨가 성종에게 호소했다.

"내가 다른 후궁의 처소에 간다고 질투를 하면 그것이 투기요."

"이는 신첩이 전하를 사랑하기 때문입니다."

윤씨는 눈물을 흘리면서 성종의 마음을 잡으려고 했다. 그러나 성종은 점점 그녀의 처소에서 발길을 멀리했다. 사랑하는 남자를 다른 후궁들에게 빼앗긴다고 생각한 윤씨는 피눈물이 흐르는 것 같았다.

"오늘은 누구의 처소에서 주무시느냐?"

"엄 소용 처소입니다."

"요망한 계집이다."

윤씨는 엄 소용을 저주했다. 아기까지 낳은 여인이 독수공방을 하게 되자 더욱 외롭고 쓸쓸했다.

"오늘은 정 소용의 처소에 드셨습니다."

윤씨는 그런 말을 들을 때마다 분노했다.

'전하께서는 왜 나에게 오시지 않는 것인가?'

윤씨는 성종을 기다리기 시작했다. 밤마다 그를 그리워하면서 가슴을 졸였다. 그리움이 커지면서 망상이 일어나고, 망상이 일어나 눈에서 불꽃이 피었다.

'이 계집이 꼬리를 치는 탓이다.'

기다림에 지친 윤씨는 마침내 궁녀와 내시들의 만류에도 불구하고 엄 소용의 처소로 달려갔다. 엄 소용과 함께 나란히 누워 있던 성종은 대경실색했다.

"중전, 이게 무슨 짓이오?"

성종이 노하여 윤씨를 노려보았다. 윤씨는 엄 소용의 처소로 정신없이 달려왔으나 그때서야 깜짝 놀랐다.

"아무리 중전마마라고 하더라도 어소에 침범을 하시다니요? 어찌 이럴 수가 있습니까?"

엄 소용이 윤씨의 화를 돋우었다.

"네년이 감히 주상전하께 꼬리를 치느냐?"

윤씨는 대노하여 엄 소용의 머리채를 휘어잡으려고 했다. 그러자 엄 소용이 성종의 뒤로 피하고 성종이 이를 말리는 과정에서 얼굴에 손톱자국이 나고 말았다.

"중전, 당장 멈추지 못하겠소?"

성종은 분개하여 엄 소용의 처소를 뛰어나갔다. 윤씨는 얼굴이 하얗게 질렸고 엄 소용은 미소를 지었다.

"전하, 신첩을 용서해 주십시오."

윤씨는 성종에게 대죄를 청했다. 성종은 윤씨를 거들떠보지도 않고 편전으로 돌아갔다. 윤씨가 성종의 얼굴에 손톱자국을 낸 것은 대궐을 발칵 뒤집어놓았고 소혜왕후의 귀에도 들어갔다.

"중전이 용안에 손톱자국을 내다니 제 정신이 아니로구나."

소혜왕후가 대노하여 펄펄 뛰었다.

"중전을 용서할 수가 없다."

성종은 편전에 앉아서 곰곰이 생각하자 불쾌하기 짝이 없었다. 성종은 소혜왕후를 찾아가서 윤씨를 폐비시키겠다고 선언했다.

"주상, 폐비는 너무 과한 것이 아니요?"

소혜왕후가 놀라서 성종의 얼굴을 응시했다.

"사가에서도 부인이 덕을 잃으면 내칩니다. 중전이 덕을 잃은 것은 한두 가지가 아닙니다."

성종이 그 동안 왕비 윤씨가 저지른 일을 낱낱이 고했다.

"주상의 결심이 그와 같다면 어쩌겠소? 왕대비께서 대궐의 어른이니 대신들에게 언문교지를 내리도록 하겠소."

소혜왕후가 무겁게 한숨을 내쉬었다.

멀리 안개 낀 누각에 곱게 단장한 배가 돌고
아득히 먼 산에는 구름사다리와 노래하는 피리
이는 구경하느라고 민력을 수고롭게 하는 것이 아니라
어머니가 오래 살기를 바라는 것이로다.
霧閣粧姿龍舸逈,
雲梯歌管鳳樓遙。

是非留玩勞民力,
都爲東朝表壽饒。

연산군이 어머니를 위하여 지은 시다. 연산군의 생모는 어릴 때 죽었기 때문에 정현왕후를 위하여 지은 시라고 할 수 있다. 그러나 시에서는 정현왕후의 장수를 비는 것이라고 말했으나 실제로는 생모를 그리워했다. 연산군은 자신의 생모에 대해서 전혀 알지 못했다. 그가 한 살의 어린 나이에 폐모론이 처음 일어났기 때문에 사정을 전혀 알 수 없었다. 어머니로부터 돌봄을 받아야 할 시기에 연산군은 그렇지 못했다.

윤씨는 아들을 따뜻하게 안아주어야 할 시기에 궁중암투에 휘말렸기 때문에 정신적으로 불안정하게 되었다. 연산군이 어린 나이에 본 것은 표독하고 사나운 어머니의 모습이었을 것이다.

정희왕후는 왕실의 어른이기 때문에 대신들을 모아놓고 왕비 윤씨를 내치겠다고 선언했다.

"세상에 오래 살게 되면 보지 않을 일이 없다. 이달 20일에 사헌부 감찰 집에서 보냈다고 일컬으면서 권 숙의의 집에 언문을 던진 자가 있었는데, 권 숙의의 집에서 주워 보니 정 소용과 엄 소용이 서로 통신하여 중궁과 원자를 해치려고 한 것이다. 생각건대, 정 소용이 한 짓인 듯하다. 그러나 지금 바야흐로 임신하였으므로 해산한 뒤에 국문하려고 한다."

정희왕후의 교지에 의하면 왕비 윤씨만 투기를 한 것이 아니라 정 소용과 엄 소용도 투기를 한 것이다. 정희왕후는 궁중 암투가 일반적이라고 말하고 있는 것이다.

정희왕후의 교지는 계속된다.

"하루는 주상이 중궁에서 보니 종이로써 쥐구멍을 막아 놓았는데, 쥐가 나가자 종이가 보였고, 또 중궁의 침소에서 작은 상자가 있는 것을 보고 열어 보려고 하자 중궁이 숨겼는데, 열어 보았더니 작은 주머니에 비상砒霜이 들어 있고, 또 굿하는 방법의 서책이 있었다. 이에 쥐구멍에 있는 종이를 가져다가 맞춰 본즉 부절符節과 같이 맞았는데, 이것은 책이 잘린 나머지 부분이었다. 놀라서 물으니, 중궁이 대답하기를, '친잠親蠶할 때 종 삼월이가 바친 것이라.'고 하여 삼월이에게 물으니 삼월이 모두 실토하여 모두 그 사실을 정확하게 알았다. 중궁이 만일 이때에 아뢰었다면 좋았을 것인데, 중궁이 능히 그러하지 못했다."

정희왕후의 교지에는 윤씨의 방에서 독약인 비상이 발견되었다는 것이다. 교지를 듣는 대신들의 얼굴이 하얗게 변했다.

"중궁이 옛날 숙의로 있을 때 일하는 데에 있어서 지나친 행동이 없었으므로 주상이 중하게 여겼고 삼전도 중히 여겼으며, 모든 빈嬪들 가운데에 또한 우두머리가 되기 때문에 책봉하여 중궁을 삼았는데, 정위正位에 오르면서부터 일이 잘못됨이 많았다. 그러나 이미 귀중한 몸이 되었으니 어찌 일마다 책망할 수 있겠는가? 지금 주상이 바야흐로 중히 여기고 있는데 중궁이 어찌 주상을 가해하려고 하겠는가? 다만 이것은 후궁을 제거하려는 것일 것이다. 내가 당초에 사람을 분명하게 알아보지 못했음을 부끄럽게 생각한다. 중궁이 이미 국모가 되었고 또한 원자가 있는데, 장차 어떻게 처리해야 하는가?"

정희왕후의 선언에 궁중 암투가 적나라하게 드러나 있다. 대신들이 서로 돌아보고 실색하여 어찌할 바를 알지 못하였다.

정희왕후의 선언에는 권 숙의의 집에 던져진 익명서가 가장 먼저 나온다. 권 숙의는 예종의 후궁으로 소혜왕후의 위임을 받아 내명부를 다스리고 있었다. 익명서의 내용은 정 소용과 엄숙의가 왕비 윤씨와 원자를 해치려는 내용이었다. 정희왕후는 이것이 정 소용의 짓이지만 임신을 했기 때문에 아기를 낳은 뒤에 다스릴 것이라고 말했다.

두 번째는 중궁전 쥐구멍을 막은 종이에서 비상이 발견되었다는 것이다. 이 비상 역시 성종을 해치려고 한 것이 아니라 후궁들을 해치려고 한 것이라고 단정하고 있다. 그런데 일반인들의 집도 아니고 대궐에서 가장 존귀한 왕비의 방에 쥐구멍이 있다는 것은 납득할 수가 없다. 설령 비상이 있었다고 하더라도 성종을 해치려고 한 것이 아니라 정 소용과 엄 숙의를 해치려고 했다는 주장도 설득력이 떨어진다. 그녀들을 해치려고 했다면 비상이 후궁의 처소에 있어야 했을 것이고, 왕비의 처소에 있다고 하더라도 깊이 감추어 두어야 하는 것이다.

세 번째는 굿하는 책이다. 정희왕후가 추궁하자 친잠할 때 종 삼월이가 바친 것이라고 했다. 첫 번째는 정 소용의 짓이므로 윤씨의 죄가 아니다. 두 번째도 쥐구멍이 의심스럽지만 성종을 해치려고 한 것은 아니다. 비상의 출처 또한 어디서 나왔는지 정희왕후는 밝히지 않고 있다. 세 번째 굿하는 책으로 저주하는 책과는 전혀 다르다. 책이 있다고 해서 죄가 되는 것은 아니다. 책을 이용하여 저주를 할 때 죄가 되는 것이다. 그러므로 첫 번째 폐모론이 일어났을 때 윤씨가 저질렀다는 죄는 의심스러운 것이었다.

정희왕후가 윤씨의 죄를 거론하자 조정은 발칵 뒤집혔다.

"죄를 의논하는 데에 있어서 가벼운 것도 있고 무거운 것도 있는데, 마땅히 고사를 참고하여 아뢸 것입니다."

영의정 정창손이 아뢰었다.

"이것은 내가 자세히 아는 바이다. 중궁이 또한 스스로 말하기도 하고 간접으로 듣기도 하였으니, 경 등은 그 죄를 의논하라."

정희왕후는 윤씨에게 죄를 물으라고 지시했다. 정희왕후가 수렴청정을 했기 때문에 원로대신들이 모두 그녀의 편에 섰다.

"주상의 뜻은 왕비를 폐하려고 하는 것이다. 이는 전례에 없는 일이다."

정창손이 대신들에게 말했다.

"옛날에 폐하지 않아야 할 것을 폐하였다가 잘못된 적이 있고, 마땅히 폐해야 할 것을 폐하지 않음으로 해서 옳은 경우도 있었는데, 질투하는 것은 부인의 상정입니다. 전하의 금지옥엽이 장차 번성하려 합니다. 그러니 미리 헤아릴 수 없으며, 원자가 지금은 비록 어리다 하더라도 장성한다면 어떻게 처리하겠습니까? 그때는 후회해도 소용이 없을 것입니다. 신은 청컨대 이런 일을 조정이나 민간에 반포하지 마시고 별도로 하나의 방에 거처하게 하여 2, 3년 동안 개과천선하기를 기다린 연후에 다시 복위시키는 것이 옳을 것 같습니다. 만일 그렇지 못하면 그때에 폐하는 것이 무엇이 어렵겠습니까?"

예조판서 허종이 아뢰었다.

"폐하여 사제에 거처하게 하여 빈嬪의 예로 대접한다면, 이것은 원자를 폐하지 않는 것이다. 경 등의 생각은 어떤가?"

성종이 대신들에게 하문했다. 성종은 빈으로 강등시켜 사가로 내치자고 주장했다.

"폐하여 사저에서 거처하게 하는 것도 옳지 않고 마땅히 별궁에 거처하게 해야 합니다."

대신과 판서, 그리고 승지들이 일제히 아뢰었다.

왕비 윤씨의 폐비에 관한 일은 하루 종일 조정을 뒤숭숭하게 했다. 그런데 하루가 지나자 이상한 일이 벌어졌다. 정희왕후까지 나서 왕비 윤씨를 폐비시키려고 했던 대궐이 약속이나 한 듯이 입을 다물었던 것이다.

성종은 하루가 지나자 윤씨를 폐비시키려던 일을 중단했다. 윤씨의 잘못을 세 가지나 지적했던 정희왕후도 더 이상 거론하지 않았다.

"대체 사건이 어떻게 하여 일어난 것인지 진실을 알아야 한다."

정창손이 정인지, 심회, 조석문, 윤사흔, 김국광 등 원로대신들과 의논했다. 그들은 폐비사건처럼 중대한 사건이 갑자기 중단된 일을 이해할 수 없었다.

"말이 대궐에 관련되니 끝까지 추궁할 것이 못된다. 어제 이미 복위를 청하였는데, 삼월이가 죄의 그물을 벗어나기를 꾀하여 무고로 왕비를 지적하니, 어떻게 처리하겠는가?"

김국광이 대신들에게 물었다.

"삼월이와 사비四非는 마땅히 극형에 처하여야 하고, 윤기견의 처 신씨 또한 참여하여 들었으니 서울에 있을 수 없습니다. 윤우와 윤구는 만일 그 일을 알았다면 마땅히 죽어야 할 죄인데, 비록 알지 못하였다 하더라도 집안일을 단속하지 못하였으니 아울러 죄주는 것이 어떠하겠습니까?"

정창손이 심회 등과 논의하여 아뢰었다. 그러나 그들의 처사에 불만을 가지고 있는 대신들도 있었다.

"궁궐의 일은 끝까지 추궁하지 않을 수 없습니다. 지금 만일 국문하지 않으면 후세에 구실을 삼을까 두렵습니다."

정인지가 아뢰었다. 지금 명쾌하게 해결하지 않으면 훗날 다시 사건으로 비화할 수도 있다는 뜻이다. 성종에게 진실이 무엇인지 캐묻는 말이기도 했다.

"이 일은 내가 정확하게 알고 있는 것이다. 오로지 삼월이가 조작한 것으로, 신씨는 실로 알지 못하고 중궁도 또한 알지 못한다. 사비는 삼월이의 지휘를 들어서 글씨를 쓴 것에 불과하다. 삼월이는 극형에 처하고, 사비는 장杖 1백 대를 때리어 변방에 유배를 보내라. 신씨 모자는 논하지 않는 것이 어떠한가?"

성종은 왕비 윤씨는 물론 그녀의 오라버니와 어머니 신씨까지 최가 없다고 잘라 말했다. 하루 전의 입장과는 전혀 다른 것이다.

"신씨는 종들을 단속하지 못하여 이 지경에 이르게 하였으므로 죄가 없지 않으니, 작첩을 빼앗는 것이 어떠하겠습니까? 삼월이와 사비는 비록 수범首犯과 종범從犯의 구분은 있으나, 사비는 이미 글씨를 썼으니 어찌 그른 것을 알지 못하였겠습니까? 아울러 극형에 처하는 것이 어떠합니까?"

대신들이 아뢰었다.

"신씨는 작첩을 빼앗고, 삼월이는 교형에 처하고, 사비는 장杖 1백 대를 때리어 변방 고을의 노비로 보내도록 하라."

성종이 영을 내렸다. 꽃들의 전쟁은 성종이 윤씨를 용서하기로 하면서 일단 마무리되었다. 그런데 윤씨가 갑자기 죄를 용서받은 것이 무엇 때문인지 알 수가 없다. 윤씨의 일가 중에도 친정어머니 신씨만이 부부인이라는 칭호를 박탈당했을 뿐이었다. 윤씨의 방에서 비상이 발견되어 폐위를 거론한 사건이 이렇게 유야무야 된 것이다. 이는 바꾸어 살피면 윤씨가 처음부터 결백하다는 증거라고 할 수 있다.

사랑과 슬픔의 나날

윤씨의 처소에서 비상이 발견되었다는 것은 황당한 일이다. 윤씨의 처소는 왕비의 처소로 궁녀와 내관들이 관리한다. 왕비의 처소에 쥐구멍이 있다면 궁녀와 내관들은 살아남지 못한다.

성종은 사건이 발생한 다음날 대노하여 펄펄 뛰었으나 하루가 지나자 분노가 풀려 윤씨를 폐출하여 사가로 보내는 일을 철회했다. 그녀를 빈으로 강등하여 내쫓으려고도 했으나 하룻밤 사이에 바뀐 것이다. 오히려 사흘째가 되던 날은 윤씨와 윤씨의 친정어머니 신씨는 내막을 알지 못하고 있다고 두둔한다. 이는 윤씨를 제거하려는 음모가 대궐 안에서 어느 정도 밝혀졌기 때문으로 보인다.

'누군가 나를 죽이려고 하고 있다.'

윤씨는 위기에서 벗어나자 가슴을 쓸어내렸다. 정희왕후와 성종이 폐비까지 거론하여 숨이 멎는 것 같았다. 그러나 다행히 그녀의 무죄가 밝혀졌다. 그녀는 살얼음판을 걷듯 하루하루를 조심스럽게 보냈다.

'대궐은 정말 무서운 곳이야.'

윤씨는 그 생각을 하자 소름이 끼치는 듯한 기분이 들었다. 그녀는 아기를 돌보는 일에 정성을 다했다. 아기가 왕비의 몸에서 태어났으니 몇 년 만 지나면 세자로 책봉될 것이다.

'모두가 나를 노리고 있어.'

윤씨는 사방에서 자신을 감시하고 있다고 생각했다. 사건이 발생하고 두 달 후인 6월1일은 윤씨의 생일이었다. 윤씨는 근신하는 차원에서 대신들의 하례를 받지 않았다.

비 온 뒤 긴 제방에는 풀숲이 무성한데
나비가 살구꽃 가지 위에 날고 있네.

끝없이 태평한 봄 경치에

문밖에서 활을 쏘고 돌아오네.

雨後長堤綠正肥,

杏花梢上蝶紛飛。

無限太平春景裏,

不妨門外射侯歸。

연산군 7년에 지은 시로 평화로움 속에 어떤 슬픔이 느껴진다.

왕비의 자리에서 폐출 위기에 놓였던 윤씨는 성종과의 관계가 좋

아졌다. 그녀의 처소에서 밝은 웃음소리가 들리고 부부관계도 좋아

졌다. 생모의 품에서 자라는 연산군도 귀여움을 받으면서 안정을 찾

기 시작했다.

"전하, 감축 드립니다."

하루는 왕비 윤씨가 성종에게 부끄러운 듯이 아뢰었다.

"감축이라… 무슨 좋은 일이 있소?"

성종이 의아한 표정으로 물었다.

"방금 의관이 다녀갔는데 태기가 있다고 합니다."

"핫핫! 우리 원자에게 아우가 생겼구려."

성종이 호통하게 웃음을 터트렸다. 윤씨는 연산군을 낳고 1년이

조금 지나 또 다시 왕자를 낳았다. 윤씨는 비로소 자신의 위치가 더

욱 확고해지는 것을 느낄 수 있었다. 그러나 그녀의 행복은 오래 가

지 못했다.

성종 10년 6월 2일의 일이었다. 성종이 대신들과 승지들을 새벽에 대궐로 불렀다. 이날 여명에 영의정 정창손, 상당 부원군 한명회, 청송 부원군 심회, 광산 부원군, 김국광, 우의정 윤필상이 도착하자 성종이 선정전에 나아가 인견했다. 승지, 주서注書, 사관史官이 모두 입시하여 선정전에는 긴장감이 감돌았다.

"대궐의 일을 여러 경들에게 말하는 것은 진실로 부끄러운 일이라 하겠다. 그러나 일이 매우 중대하므로 말하지 않을 수가 없다. 어제 입직한 승지와 더불어 이를 의논하고자 하였으나, 생각하니 대사를 두 승지와 결단할 수 없으므로 이에 경들에게 의논하는 것이다. 옛사람이 이르기를, '선경 삼일先庚三日 후경 삼일後庚三日'이라고 하였으니, 내가 어찌 생각하지 않고 함이겠는가? 부득이하여서 그러는 것이다."

선경삼일 후경삼일은 먼저 3일을 생각하고 뒤에 3일을 심사숙고하여 결정을 내린다는 뜻이다.

"내간內間에는 시첩侍妾의 방이 있는데, 일전에 내가 마침 이 방에 갔는데 중궁이 아무 연고도 없이 들어왔으니, 어찌 이와 같이 하는 것이 마땅하겠는가? 예전에 중궁의 실덕失德이 심히 커서 일찍이 이를 폐하고자 하였으나, 경들이 모두 다 불가하다고 말하였고, 나도 뉘우쳐 깨닫기를 바랐는데, 지금까지도 오히려 고치지 아니하고, 혹은 나를 능멸하는 데까지 이르렀다. 이제 마땅히 폐하여 서인을 만들겠는데, 경들은 어떻게 여기는가?"

성종이 노하여 대신들에게 말했다. 성종의 말은 궁녀와 자는 방에 윤씨가 뛰어들어 왔다는 것이다. 대신들은 성종의 말에 경악했다. 폐비 논란이 일어난 지 2년이 약간 지나서 또 폐비 사건이 터진 것이다.

"신은 더욱 간절히 우려합니다. 성상께서 칠거七去로써 말씀하시니, 신은 차마 말을 할 수가 없습니다. 그러나 다만 원자가 있어서 사직의 근본이 되는데, 어떻게 하겠습니까?"

한명회가 아뢰었다. 그러나 성종은 전과 달리 단호했다. 그녀가 투기를 하였으니 칠거지악으로 다스려야 한다고 펄펄 뛰었다.

"사세가 이에 이르렀으니 어찌할 수가 없습니다."

성종이 단호한 것을 본 윤필상이 아뢰었다. 윤필상의 말은 얼핏 이해할 수가 없다. 그는 윤씨의 폐비에 성종을 지지하고 나왔다. 조정에서는 두 번째 폐비사건으로 의논이 분분했다.

"태종께서 일찍이 원경 왕후와 화합하지 못하여 한 전각에 벽처僻處하게 하고 그 담장을 높게 하였는데, 이것이 선처하는 도리였습니다. 지금도 역시 별궁에 폐처廢處하도록 하는 것이 좋겠습니다."

심회가 아뢰었다.

"중궁의 실덕한 바가 가볍지 아니하니, 진실로 이를 폐하는 것이 마땅하겠습니다. 그러나 원자를 탄생하였고 또 대군을 나았으므로 국본에 관계되는 바이니, 폐하여 서인으로 삼는 것은 옳지 못합니다. 청컨대 위호를 깎아 내리어 별궁에 안치하는 것이 어떻겠습니까? 원자는 장차 세자로 봉할 것인데, 어머니가 일반 백성이 되면 이는 어머니가 없는 것이니, 천하에 어찌 어머니 없는 사람이 있겠습니까?"

꽃과 나비의 전쟁

홍귀달이 아뢰었다.

"강봉(降封, 직위나 작위를 낮춤)을 하면 이는 처로써 첩을 삼는 것이니 크게 옳지 못하다."

성종이 짜증스럽게 내뱉었다.

"중궁이 전에도 잘못된 행동이 있어서 성상께서 이를 폐하고자 하였으니, 또한 조금이라도 반성하는 것이 마땅한데, 또 오늘과 같은 일이 있었으니, 뒷날 반드시 이것이 습관이 되어 잘못된 일을 할 것이므로, 한 나라의 국모로서는 불가합니다."

좌승지 김승경이 아뢰었다. 김승경은 윤씨를 폐비시켜야 한다고 강경하게 주장했다. 김승경까지 폐비를 찬성하고 나온 것은 의아한 일이다. 김승경은 효성과 학문이 뛰어나 벼슬에 나서기 전에 이미 명성을 떨치고 있었다. 김승경은 이때의 일로 연산군이 갑자사화를 일으켰을 때 부관참시를 당한다. 대신들이 다투어 폐비를 반대했으나 성종은 단호했다.

"윤씨를 출궁시킬 여러 가지 일을 차비하도록 하라."

성종이 얼음가루가 날릴 것처럼 차가운 목소리로 명을 내렸다.

"모든 일은 이미 갖추었습니다. 그러나 중궁은 이미 한 나라의 국모로 있었는데, 사제(賜第, 임금이 하사한 집)로 돌려보내는 것은 옳지 못합니다."

"경들은 출궁할 여러 가지 일만 주선하면 그만인데, 무슨 말이 많은가?"

성종이 어탁을 내리치면서 언성을 높였다. 대신들은 중궁에서 폐하여 대궐에 연금시킬 것을 청했으나 성종은 사가로 내보낼 것을 강력하게 지시했다.

"대비전에 아뢰어 결정을 하소서."

승지들이 일제히 아뢰었다.

"승지들이 대비께 아뢰기를 청한 것은 대비로 하여금 이를 중지하게 하고자 한 것이다. 그러나 내가 이미 두 번이나 아뢰었더니, 대비께서 하교하기를, '내가 항상 화禍가 주상의 몸에 미칠까 두려워하였는데, 이제 이와 같이 되었으니, 나의 마음이 편안하다.' 하였으니, 남의 자식 된 자가 부모로 하여금 그 마음을 편안하게 하는 것이 또한 옳지 않겠는가? 이 일은 우리 집안의 일이다. 내가 결정하는 데에 달려 있을 뿐이다. 대비께서 어찌 그릇되게 여기겠는가? 승지들은 육조의 참의參議로 개차(改差, 벼슬아치를 다른 사람으로 바꿈)하도록 하라."

승지들이 폐비시키는 것을 반대하자 성종이 강경하게 영을 내렸다. 그러자 대신과 승지, 홍문관 등이 일제히 반대했다.

"신 등은 가까운 곳에 있으면서도 오히려 왕비의 죄를 알지 못하였는데, 하물며 외신外臣이겠습니까? 원컨대 승지들의 죄를 용서해 주십시오."

홍문관 직제학 최경지가 아뢰었다.

"궁중의 일을 일일이 열거하기가 어려우니 다시 말하지 말라."

성종이 눈에서 불을 뿜으면서 소리를 질렀다.

"전하, 왕비의 실덕이 크지 않은데 어찌 폐하여 사제로 돌려보내겠습니까?"

"말을 사람마다 이야기할 수도 없고, 죄를 일일이 지적할 수도 없다. 한漢나라 성제成帝가 어떤 연고로 갑자기 죽었으며, 진晉나라 혜제惠帝는 누구로 인하여 난亂이 일어났던가? 너희들은 이미 고사를 알면서 어찌하여 감히 다시 청하는가? 이제 중궁은 매사를 스스로 옳다고 여겨, 비록 삼전의 하교라도 들으려고 하지 아니하였다. 그러니 내가 참소하는 말을 듣고서 폐하는 것이 아니다."

성종은 중국의 황제들이 독살 당한 일까지 거론하면서 폐비 윤씨를 비난했다. 대신들은 대궐에서 일어난 일이라 내막을 알 수 없었다. 그러나 후궁들이 패악한 짓을 저질러도 대신들의 귀에 들어가는데 왕비가 패악한 짓을 저질렀다는데 어떤 소문도 들을 수 없었다는 것은 이상한 일이었다.

성종은 마침내 왕비 폐출의 교서를 반포했다.

"왕비의 어질고 어질지 못함은 국가의 성쇠盛衰가 매인 것이니, 돌아보건대 중하지 아니한가? 왕비 윤씨는 후궁으로부터 중전이 되었으나 투기하는 마음만 가지어 몰래 독약을 품고서 궁인을 해치고자 하다가 음모가 분명히 드러났으므로, 내가 이를 폐하고자 하였다. 그러나 조정의 대신들이 합사合辭해서 청하여 개과천선하기를 바랐으며, 나도 폐치廢置는 큰일이고 허물은 또한 고칠 수 있으리라고 여겨, 감히 결단하지 못하고 오늘에 이르렀는데, 뉘우쳐 고칠 마음은 가지지 아니하고, 실덕함이 더욱 심하여 일일이 열거하기가 어렵다. 그러니 윤씨를 폐하여 서인으로 삼는다. 법에 칠거지악이 있는데, 어찌 감히 조금이라도 사사로움이 있겠는가? 일은 반드시 여러 번 생각한 것이니, 훗날을 위해 염려해야 되기 때문이다."

성종이 이처럼 교서를 내렸으나 대신들이 다투어 반대했다.

"경들은 모두 다 나에게 대사를 가볍게 조처했다고 한다. 그러나 폐비를 내가 어찌 쉽게 했겠는가? 옛날 제왕이 혹 참소하는 말을 듣고서 후后를 폐廢한 자가 있었으나, 내가 어찌 이와 같이 했겠는가? 항상 나를 볼 때, 일찍이 낯빛을 온화하게 하지 않았으며, 혹은 나의 발자취를 취하여 버리고자 한다고 말하였다. 비록 초부의 아내라 하더라도 감히 그 지아비에게 저항하지 못하는데, 하물며 왕비가 임금에게 이럴 수가 있는가? 또 거짓으로 편지를 써 본가本家에 통하여 이르기를, '주상이 나의 뺨을 때리니, 장차 두 아들을 데리고 집에 나가서 여생을 편안하게 살겠다.'고 하였는데, 내가 우연히 그 글을 찾고 일러 말하기를, '허물을 고치기를 기다려 서로 보도록 하겠다.'라고 하였더니, 윤씨가 허물을 뉘우치고 말하기를, '나를 거제巨濟나 요동遼東이나 강계江界에 유배를 보내더라도 달게 받겠습니다.'라고 하므로, 내가 이를 믿었더니, 이제 도리어 이와 같으므로, 전일前日의 말은 거짓말에 지나지 않았다. 항상 궁중에 있을 때에 대신들의 가사에 대해서 말하기를 좋아하였으나, 내가 어찌 믿고 듣겠는가? 내가 살아 있을 때에야 어찌 변變을 만들겠는가마는, 내가 죽으면 반드시 난亂을 만들어낼 것이니, 경 등은 반드시 오래 살아서 목격할 자가 있을 것이다."

성종의 말에서 윤씨에 대한 분노가 가득함을 알 수 있다. 그러나 잘 살펴보면 윤씨가 폐비를 당할 만큼 중한 죄는 보이지 않는다. 그

꽃과 나비의 전쟁

럼에도 성종은 대신들의 반대를 무릅쓰고 윤씨를 폐서인하여 사가
로 내쫓았다.

왕의 여자

윤씨는 피눈물을 흘렸다. 대궐로 들어온 것이 엊그제 같은데 죄인
이 되어 사가로 돌아오게 되자 가슴이 천 갈래 만 갈래 찢어지는 것
같았다. 무엇보다 두 아들을 대궐에 두고 나온 일이 괴로웠다. 첫째는
아장아장 걷고 있었으나, 둘째는 간신히 걸음마를 하고 있었다. 그 어
린 것들을 두고 대궐에서 나올 때 피를 토하고 죽고 싶었다.

'내가 대비마마들에게 공손하지 못했다고?'

윤씨는 자신이 한 일이 있으니 억울하지는 않았다. 그러나 친정으
로 쫓겨 날 정도의 잘못은 아니라고 생각했다. 그녀는 어릴 때부터 입
바른 소리를 잘했다. 아무리 어른이라고 해도 틀린 말을 하면 바로 잡
아야 했고, 궁녀들이나 후궁들에게도 곧은 소리를 해야 했다.

'내 성격이 모가 난 거야?'

윤씨는 자신의 성정이 규수답지 못하다고 수없이 반성했다. 그러
나 그녀의 타고난 성정은 어쩔 수 없었다. 성종이 여러 후궁들의 처소
를 찾자 여색을 멀리 하라고 요구했다.

"여색을 멀리 하라니? 내가 주색에 빠져 있기라도 했다는 것이
오?"

성종이 사납게 눈꼬리를 치켜 올렸다.

"전하, 정실을 두고 후궁들의 처소에서 지내는 것은 옳지 않습니다. 어찌 정실을 돌보지 않으십니까?"

"닥치시오."

"전하, 전하께서 지어미를 돌보지 않으면 누가 돌보겠습니까? 오늘은 중궁 처소에서 침수 드십시오."

윤씨는 성종에게 애원했다. 아이를 둘이나 낳은 뒤에 성종의 발길이 뜸해지고 있었다. 어머니 신씨의 직첩을 돌려주었으나 친정에 대한 대우도 서운했다. 게다가 며칠 있으면 그녀의 생일이 돌아온다. 그동안 근신하느라고 생일 하례조차 받지 않았었다.

"중전이 내 침수까지 간여하는 일은 옳지 않소."

성종은 중궁전을 나가려고 했다.

"안됩니다."

윤씨는 성종의 앞을 막아섰다.

"중전! 중전이 감히 내 앞을 막는 것인가?"

성종의 눈에서 불길이 일어나는 것 같았다.

"전하."

"비키라."

"전하, 비킬 수 없습니다."

"고연 것! 이게 무슨 패악이냐?"

성종이 윤씨의 뺨을 후려쳤다. 중궁전에 잔뜩 모여 있던 내시와 궁녀들이 깜짝 놀라 눈을 크게 떴다. 성종은 윤씨의 뺨을 후려친 뒤에 칼바람을 일으키면서 중궁전을 나갔다. 윤씨는 성종에게 뺨을 맞고 넋을 잃은 듯이 우두커니 서 있었다.

'전하께서 내 뺨을 때리다니….'

윤씨는 궁녀들이 보는 앞에서 뺨을 맞자 비통했다. 그녀는 며칠 동안이나 울었다.

"주상이 나의 뺨을 때리니 두 아들을 데리고 사가에 나가서 살고 싶습니다."

윤씨는 사가로 보내는 편지를 썼다. 성종의 총애를 받지 못하는 슬픔을 호소하는 편지였다. 한때 성종은 그녀를 열렬하게 사랑했었다. 그녀를 가슴에 품고 사랑을 속삭였다. 가문도 한미했으나 그의 사랑으로 왕비가 되었던 윤씨였다. 그러한 성종이 다른 여자를 가슴에 품는다고 생각하자 참을 수가 없었다.

윤씨가 두 아들을 데리고 사가에 돌아가 살겠다고 쓴 편지는 거짓으로 쓴 것이었다. 그 편지는 집으로 보내는 것이 아니라 성종에게 시위하기 위한 것이었다. 윤씨의 편지를 궁녀들이 성종에게 바쳤다.

"중전이 감히 이와 같은 짓을 할 수 있는가?"

성종이 눈에서 불을 뿜으면서 윤씨를 질책했다. 윤씨는 그 편지를 보면 성종이 잘못했다고 말할 것이라고 생각했으나 오히려 역효과가 났다. 윤씨는 그제야 자신이 잘못했다고 석고대죄를 했다.

"전하, 신첩이 대죄를 지었습니다."

윤씨는 무릎을 꿇고 앉아서 용서를 빌었다.

"중전이 진실로 반성을 하지 않으면 다시는 보지 않을 것이다."

성종이 냉정하게 잘라 말했다.

"신첩이 성정이 곧아서 항상 말썽이 있습니다. 앞으로 한 번만 더 이와 같은 짓을 저지르면 거제나 강계 같은 변방으로 유배를 보내도 달게 받겠습니다."

윤씨는 무릎을 꿇고 울었다. 성종은 그녀가 석고대죄를 하자 비로소 용서를 해주었다. 그러나 두 사람 사이에는 서먹한 기운이 흐르기 시작했다.

성종 10년 6월1일 밤이었다. 6월2일은 그녀의 생일로 윤씨는 성종과 함께 생일상을 받고 싶었다. 내시를 보내 불렀으나 오지 않았다. 윤씨는 후궁과 궁녀들마저 자신을 멸시하는 것 같아 참을 수 없었다.

"전하께서는 내 생일인데도 오지 않는 것이냐?"

윤씨는 분노로 치를 떨었다. 그녀의 생일에 하례를 받지 않으려는 움직임이 며칠 전부터 일어나고 있었다.

"중궁전 탄신일이 가까워지고 있으니 하례를 드릴 것입니다."

대신들이 성종에게 아뢰었다.

"하례연을 열지 않을 것이니 대신들은 하례를 올 필요가 없다."

성종은 대신들이 올린 주청을 한 마디로 일축했다. 대신들은 대궐에서 무슨 일인가 벌어지고 있다고 생각했다. 왕비 윤씨는 성종이 하루 종일 발길을 하지 않자 더욱 분노했다.

밤이 되었으나 성종은 여전히 발길을 하지 않았다.

"전하는 어디에 계시느냐?"

윤씨는 승전색에게 물었다. 승전색은 임금의 동정을 각 전에 전하는 궁녀.

"정 소용 침소에 들었사옵니다."

"전하께서 너무 야속하구나."

윤씨는 성종이 머물고 있는 정 소용의 처소로 달려갔다. 성종은 정 소용과 잠자리에 들어 있었다. 그런데 갑자기 밖에서 소란스러운 소리가 들리더니 윤씨가 뛰어 들어왔다. 성종이 펄쩍 뛰었고 윤씨는 이 사건이 빌미가 되어 사가로 내쫓기게 된 것이다.

끝내 음모로 죽은 폐비 윤씨

임금에게 버림을 받고 사가로 쫓겨나면 유배를 간 것이 아니더라도 죄인이 된다. 윤씨가 폐서인이 되어 거처할 때 그녀는 친정어머니도 만나지 않고 곤궁하게 살았다.

'물불을 가리지 않는 내 성격 탓이야. 임금은 지존인데 함부로 달려들었으니….'

윤씨는 사가로 쫓겨나자 깊이 후회했다. 자신의 곧은 성정이 문제를 일으켰다고 생각했다.

'우리 아이들을 다시 만날 수는 없겠지.'

윤씨는 텅 빈 집에서 하루 종일 쓸쓸하게 보냈다. 화장도 하지 않고 허드렛일을 하는 여종을 거느리고 잡초를 뽑고 푸성귀를 가꾸었다. 손바닥만 한 마당이라 심을 것도 가꿀 것도 없었다. 그래도 윤씨는 밭을 일구고 또 일구었다. 때때로 대궐 쪽을 바라보다가 눈물을 흘리기도 했다.

'우리 막내는 어찌 된 것일까?'

윤씨는 젖먹이 아들을 생각하면서 울었다. 후궁들에게 투기를 하느라고 젖먹이 아기를 살뜰하게 돌봐주지 못한 일을 생각하자 가슴이 찢어지는 것 같았다.

윤씨의 둘째 아들에 대해서는 거의 기록에 나오지 않는다. 그가 태어났을 때 한 줄로 기록되었고, 죽었을 때 또다시 한 줄로 기록되었다.

'아들아, 이 못난 에미를 용서해다오.'

윤씨는 작은 아들을 생각하면서 울었다. 첫째 아들, 훗날의 연산군에 대해서도 생각했다. 윤씨는 쓸쓸하고 고적한 날을 보냈다. 사가로 쫓겨난 그녀를 찾아오는 사람이 아무도 없었다. 폐서인이라 나라에서 돌보지 않자 도둑까지 드는 일이 발생했다. 이에 대사헌 채수가 성종의 경연에서 문제를 삼았다.

"신이 전일에 죄를 지어 외방에 있다가 조정에 돌아와서도 시종侍從의 반열에 참여하지 못하였으므로, 비록 생각한 것이 있어도 감히 상달하지 못하였습니다. 폐비 윤씨는 지은 죄악이 매우 크므로 폐비하여 마땅합니다. 그러나 한때 국모로 계셨던 분인데 여염에 살고 있으니 온 나라의 신하와 백성들이 마음 아프게 여기지 않는 이가 없습니다. 옛사람이 이르기를, '떨어진 장막을 버리지 아니함은 말馬을 묻기 위함이다.'라고 하였습니다. 임금이 사용하던 물건은 비록 수레와 말이라도 감히 무람없이 처리를 하지 못하는 것은, 지존을 위해서입니다. 신의 생각으로는 따로 한 처소를 장만하여 주고 관官에서 물자를 공급하여 주는 것이 좋을 듯합니다."

대사헌 채수가 윤씨를 나라에서 돌보아야 한다고 아뢰었다.

"그게 무슨 말인가?"

성종이 눈꼬리를 말아 올리고 채수를 쏘아보았다. 성종은 아직도 윤씨에 대한 분노가 풀리지 않았다.

"윤씨의 죄를 정할 때에 신이 승지로 있으면서 이창신과 더불어 궁내에서 나온 언문을 번역하여 그의 죄악상을 길이 후세에까지 보이도록 청하였습니다. 그래서 신이 윤씨의 죄악상을 알고 있습니다. 그러나 이미 지존의 배필로서 국모가 되었던 분인데, 폐위되어 여염에 살게 하는 것은 너무나 애처로운 일이 아닐 수 없습니다. 또 금년은 흉년이 들었는데, 아침저녁으로 공급되는 것이 어찌 넉넉할 수 있겠습니까? 신은 처음 폐위를 당하였을 때에도 따로 처소를 정하여 공봉하기를 청하였습니다."

채수는 윤씨를 나라에서 돌보아야 한다고 거듭 강조했다.

"윤씨의 죄는 이루 다 말할 수가 없다. 당초에 그의 시비侍婢를 치죄治罪하였을 적에 내 마음에는 폐비를 하고자 하였지마는, 대신들의 말이 있었기 때문에 억지로 참아서 중지하고 그가 허물 고치기를 기다렸다. 그런데도 오히려 허물을 고치지 않으므로 내가 삼전三殿에 아뢰어 위로는 종묘에 고하고 아래로는 대신들과 의논하여 폐출시켜서 외처로 내보낸 것이다. 그런데 경들이 어찌 국모로서 말을 하느냐? 이는 다름이 아니라 원자에게 아첨하여 후일의 지위를 얻으려고 하는 것이다."

성종은 채수를 맹렬하게 비난했다.

"신이 만일 이러한 마음이 있다면 어찌 감히 윤씨의 죄악을 기록하여 후세까지 전하기를 청하였겠습니까? 그리고 지금 성상을 시좌侍坐하는 자 가운데 한명회가 가장 나이 많고 신이 홀로 나이가 젊었는데도 이제 벌써 서른네 살입니다. 그런데 어찌 성명의 조정이 지나기를 기약하고 또 원자의 세상을 기약하겠습니까?"

채수는 원자의 덕을 볼 생각이 추호도 없다고 잘라 말했다 시독관 권경우도 윤씨를 나라에서 봉양해야 한다고 주장했다.

"윤씨가 나에게 곤욕을 준 일은 이루 다 말할 수 없다. 심지어는 나를 가리키면서 말하기를, '발자취까지도 없애버리겠다.'고 하였다. 나를 어떠한 사람으로 여기기에 이러한 말을 하였겠는가? 또한 차고 다니는 작은 주머니에 항상 비상을 가지고 다녔으며, 또 곶감에 비상을 섞어서 상자 속에 넣어 두었으니, 무엇에 쓰려는 것이겠는가?"

성종이 대노하여 눈에서 불을 뿜으면서 소리를 질렀다. 성종의 말대로라면 대역죄로 다스려야 한다. 성종은 윤씨가 자신을 독살하려 했다고 주장했다. 발자취까지 없애버리겠다고 한 말은 저주에 가깝다. 그러나 폐출이 되었을 때는 이 말이 언급되지 않다가 뒤늦게 나온 것이 이상하다.

"쫓겨난 어미라면 보통 사람들도 오히려 어미로 여기지 못하는데,

하물며 원자이겠습니까? 그러니 이제 윤씨도 유폐시키되 옷과 음식은 공급함이 좋겠습니다."

"음식을 공급하다니 그게 무슨 말인가?"

"윤씨는 빈한하게 살고 있습니다."

"경들은 어떻게 윤씨가 가난한 줄을 아는가? 누가 말하여 주었는가?"

"윤씨의 집은 본래부터 가난합니다."

"이미 족친들을 그의 처소에 출입하지 못하도록 명을 내렸는데 어찌 받들어 행하지는 아니하고서 출입할 수 없다고 말하는가? 출입한 자는 누구인가? 내가 장차 추국하겠다."

성종은 폐비 윤씨의 오라버니들을 하옥시키라는 명을 내렸다. 대사헌 채수와 권경우는 윤씨를 도와주려고 했으나 오히려 그녀를 곤란하게 만들었다. 조정에서 윤씨에 대한 논란이 일어나자 인수대비가 언문으로 채수와 권경우를 맹렬하게 비난했다.

"채수와 권경우의 말을 듣고서 매우 놀랐다. 윤씨는 성종 7년 3월에 죄를 지었었는데, 그 때 재상들이 내보내어서는 안 된다고 하였다. 그 뒤에 윤씨는 자신을 폐출하지 못할 것이라고 스스로 생각하여 더욱 포악해져서, 우리에게는 물론 주상에게까지 불순한 일이 많이 있었다. 부부 사이의 일은 다 말할 수도 없고, 혹시 다 말하게 되면 이는 사람의 정리가 아니니, 그것을 믿고 듣겠는가? 부녀자가 불순함은 칠거七去에 든다고 한다. 평범한 사람의 부인인들 어찌 이처럼 하겠는가?"

인수대비의 언문교지는 살벌하다.

"만일 우리들이 바른말로 책망을 하면 윤씨는 손으로 턱을 괴고 성
난 눈으로 노려보니, 우리들이 명색은 어버이인데도 이러하였다.
하물며 주상에게는 패역悖逆한 말까지 많이 하였다. 심지어는 주
상을 가리키면서 말하기를, '발자취까지도 없애버리겠다.'고 하고,
또 스스로 '상복을 입는다.' 하면서 여름철에도 표의(表衣, 왕비복)
를 벗고 항상 흰 옷을 입었다. 그리고 늘 말하기를, '내가 오래 살
게 되면 후일에 볼만한 일이 있을 것이다.' 하였다. 이는 윤씨가 어
린 원자가 있기 때문에 후일의 계획을 한다는 것이니, 우연한 말
이 아니다."

인수대비의 교지에는 윤씨의 모습이 표독하게 그려진다.

"우리는 시운時運이 불행하여 이렇게 좋지 못한 여자를 만났으니,
늘 탄식하고 상심하여 세월이 가는 것조차 알지 못하는 형편이다.
그런데 윤씨는 스스로 다행하다고 여기면서 무릇 음흉하고 위험한
일을 하지 못하는 것이 없었다. 일일이 다 들어 말할 수 없다. 우리
는 오직 주상의 몸을 소중하게 여길 뿐이지 어찌 우리들에게 불순
한 것을 생각하겠는가? 당초에 우리들은 외간의 백성들도 며느리

를 대하는 것이 대부분 착하지 못하다고 여겼으므로, 조정의 대신들도 우리를 이와 같다고 여기지 않을까 하여 부끄러움을 이기지 못하였다. 그래서 우리들이 스스로 수강궁에 온 뒤에는, 저와 같은 일들을 전혀 듣고서 알지 못하다가 훗날에야 알았다. 우리는 모두 주상을 우러러보면서 사는 여자들이다. 그러니 저가 만일 주상을 대함에 실덕失德함이 없었다면, 우리들이 마땅히 먼저 폐비를 하지 말도록 간諫하였을 것이다. 우리는 주상의 일신一身을 위하여 매우 염려하는데, 주상이 이에 불안하여서 늘 말씀하기를, '윤씨가 그 사이에 무슨 짓을 할지 모르겠습니다.' 하니, 매양 잠자리에 누울 적에 더욱 두려워하였다. 지금은 곁에 있는 악한 것을 제거하였으니, 우리가 비록 다른 처소에서 살지마는 안심이 된다. 그런데 이제 채수와 권경우의 말을 들으면 온 나라 사람들이 윤씨를 동정한다고 한다. 주상께서 몸에 화가 미칠까 두려워서 전교하더라도 오히려 믿지 아니하고, 다시 사람의 마음을 동요하게 하니 장차 큰일이 일어날까 두렵다. 이는 주상의 신하가 아니니, 마땅히 옳고 그름을 가려내어 징계하고 뒷사람을 경계해야 한다."

인수대비의 언문 교지에는 윤씨의 죄상이 폐비를 시킬 때보다 더욱 자세하다. 이 교서에는 '상복을 입는다.' '오래 살면 두고 볼만한 일이 있을 것이다.'라는 죄가 추가되어 있다. 인수대비는 윤씨가 어린 왕자를 끼고 정치를 좌우할 것이라고도 했다.

윤씨를 도와주려고 했던 조정대신들은 숨을 죽였다. 채수와 권경우는 의금부에 하옥되었다.

　　승정원은 한가하고 해는 산가지처럼 길구나

　　언제나 책상머리 반벽半壁에 기대었구나

　　취하여 잠이 오니 마음이 고달프지만

　　어찌 선온의 꽃향기 감상하는 것을 사양하리

　　銀臺無事漏籌長,

　　每倚床頭半壁墻。

　　醉後眠來心似憶,

　　何辭宣醞賞花香

　　연산군의 어제시는 한가한 승정원의 모습을 잘 보여준다. 채수는 성종 10년 폐비가 될 때 승지로 있고, 성종 13년 사사될 때 도승지로 있었다. 윤씨의 폐비와 사사를 필사적으로 막으려고 했으나 그에게 폐비 교서를 쓰게 하는 바람에 연산군에게 비참한 죽음을 당하게 된다.

　　성종은 윤씨에게 애증을 갖고 있었다. 채수와 권경우의 일로 윤씨를 다시 생각하게 되었다. 그는 내시를 윤씨의 사저로 보내 어떻게 지내는지 살펴보라고 지시했다. 내시는 성종의 명을 받들고 윤씨의 사저로 달려갔다.

　　내시가 윤씨의 사저에 이르자 출입하는 사람도 없고, 집은 무너져 가고 있어서 폐가와 같았다.

'폐비가 죄인처럼 살고 있구나.'

내시는 폐비가 궁핍하게 살고 있는 것을 보고 가슴이 아팠다. 윤씨는 꾸미지도 않고 화장도 하지 않아 초췌한 얼굴로 풀을 뽑고 있었다. 내시가 그와 같은 사정을 살피고 대궐로 돌아오자 소혜왕후 인수대비가 불렀다.

"폐비는 어떻게 지내고 있느냐?"

인수대비가 내시에게 물었다.

"집은 폐가와 같고 윤씨는 죄인처럼 살고 있습니다."

내시가 슬픈 표정으로 아뢰었다.

"닥쳐라. 네놈이 무엇을 안다고 헛소리를 하느냐? 네놈이 죽고 싶은 것이냐?"

인수대비가 눈을 부릅뜨고 소리를 질렀다.

"송구하옵니다."

내시가 바짝 엎드렸다.

"내가 시키는 대로 주상에게 고하여라."

인수대비가 내시에게 영을 내렸다.

"윤씨가 머리를 빗고 얼굴을 예쁘게 단장하고서 자기의 잘못을 뉘우치는 뜻이 없었습니다."

내시는 인수대비가 시킨대로 성종에게 가서 고했다. 성종은 더욱 분개하여 이세좌에게 윤씨를 그 집에서 사사賜死하라는 영을 내렸다.

'아아, 어떻게 이런 명이 나에게 내리는가?'

이세좌는 눈앞이 캄캄하고 천길 벼랑으로 굴러 떨어지는 듯한 기분이었다. 왕명에 의해 폐비를 사사한다고 해도 원자가 임금이 되면 살아남을 수 없을 것이었다.

"신은 얼굴을 알지 못하니, 청컨대 내관과 함께 가고자 합니다."

성종이 내관 조진에게 함께 가라고 명을 내렸다. 이세좌는 내의원에서 사약을 받아 가지고 금군을 거느리고 윤씨의 사저로 달려갔다. 8월16일이었다. 한가위를 하루밖에 지나지 않아 한양 성내가 온통 명절 분위기에 들떠 있었다. 그러나 폐비 윤씨의 집은 가을 햇살만이 고즈넉했다. 기왓장은 허물어지고 담장은 무너져 있어 명절 분위기는 찾아볼 수 없었다.

담밖에는 수상스러운 사내들이 곳곳에서 감시의 눈을 번뜩이고 있었다. 윤씨를 모함한 누군가가 내시를 보내 감시하고 있는 것이 분명했다.

"어명이 내렸습니다."

이세좌는 금군을 거느리고 폐비 앞에 섰다. 윤씨는 당황한 듯, 눈물을 주르르 흘렸다. 그러나 곧바로 멍석을 깔고 그 위에 무릎을 꿇고 앉았다. 이세좌는 가슴이 떨리는 것을 느끼면서 사사의 교지를 읽었다. 사약을 먹고 죽으라는 영을 받자 윤씨가 서럽게 울기 시작했다. 한때 사랑했고 아들을 둘이나 낳은 그녀에게 성종이 죽으라는 명을 내려 슬픔을 참을 수가 없었다.

"어명을 받으셔야 합니다."

이세좌가 착잡한 목소리로 말했다. 금군이 사약 그릇을 상 위에 놓았다.

"전하께서 정녕 사사의 명을 내리셨습니까?"

윤씨가 눈물이 가득한 눈으로 이세좌를 쳐다보았다.

"그렇습니다. 남기실 말씀이 있습니까?"

"죄인이 무슨 할 말이 있겠습니까? 늙은 어머님을 두고 먼저 떠나는 불효가 서러울 뿐입니다."

윤씨는 오랫동안 서럽게 울었다. 사약이 내릴 때 조용히 앉아서 받아 마시고 죽는 사람은 거의 없다. 무수한 사람들이 사약을 받지 않으려고 발버둥을 치기 때문에 강제로 떠먹이는 일이 더 많았다. 윤씨도 이세좌가 몇 번이나 재촉을 하자 대궐을 향해 절을 하고, 친가 어머니의 집을 향해 절을 했다. 그런 뒤에도 원자의 이름을 부르면서 한식경이나 울다가 사약을 마셨다. 꽃다운 스물일곱 살에 윤씨는 목숨을 잃은 것이다.

이세좌는 윤씨의 목숨이 끊어진 것을 확인하고 대궐로 내시를 돌려보내 성종에게 보고했다.

"이세좌는 오지 말고 그 집에 유숙하라."

성종이 명을 내렸다.

"폐비의 죄악은 사책史策에 밝게 나타나 있으니 백성이 함께 분개할 뿐만 아니라 천자께서도 폐위를 허용한 것이다. 나는 덕이 적은 사람이므로 좋은 사람을 배필로 얻지 못하여 위로는 조종祖宗의 큰 덕에 누를 끼치게 되고 아래로는 신민의 큰 기대를 저버렸으니 부끄러운 마음 헤아리기 어렵도다. 나는 지금도 전일을 생각하고는 밤중에 탄식하면서 홀로 앉아 잠 못 이룬 지가 몇 날이나 되는지 알 수 없다. 비록 그에게 영영 제사를 끊더라도 영혼인들 무엇이 원통하겠으며 난들 무엇이 불쌍하랴마는, 다만 어머니(윤씨)가 아들(원자) 덕으로 영화롭게 됨은 임금이 주는 은혜이고, 훗날의 간악함을 예방한 것은 임금이 해야 할 정책인 것이다. 동궁의 심정을 생각해보면 어찌 가엾지 않으리오. 이제 특히 그의 무덤을 '윤씨의 무덤'이라 하고, 묘지기 두 사람을 정하여 시속 명절 때마다 제사를 지내게 하여 그의 아들을 위로해 주고 또 죽은 영혼도 감동하게 할 것이니, 내가 죽은 후에도 영원히 바꾸지 말고 아버지의 뜻을 따르게 하라."

성종이 교서를 반포했다. 이세좌는 윤씨의 집에 남아서 사체를 수습했다. 그녀의 오라버니들이 모두 체포되었고 먼 친척들은 사건에 연루되는 것이 두려워 찾아오지 않았다. 친정어머니 신씨만이 찾아와 딸의 시신을 붙들고 통곡했다.

'한 나라의 왕비가 이렇게 죽었구나.'

젊은 여인이 죽었다고 생각하자 이세좌는 안타까웠다. 그는 대궐의 일을 잘 알지 못했다. 그러나 폐비에게 사약을 내릴 때 형방승지였기 때문에 명을 시행하지 않을 수 없었다. 윤씨의 일가들이 소복을 벗기고 베옷을 입혔다. 그녀의 저고리는 사약을 마실 때 피를 토했기 때문에 핏자국이 낭자했다. 친정어머니 신씨가 저고리를 챙겼다.

'입던 옷을 모두 태워야 하는데….'

이세좌는 윤씨의 저고리를 태우고 싶었으나 그렇게 할 수가 없었다. 상가는 한나라의 왕비였던 여자가 죽었으나 초라하기 짝이 없었다. 상여꾼이 없었기 때문에 성종에게 청하여 장례를 치를 군사들을 불렀다. 이튿날 장례가 치러져 경기도 장단에 윤씨를 묻었다.

윤씨의 죽음에는 인수대비의 보이지 않는 손이 작용했다. 그녀는 왜 이토록 윤씨를 미워한 것일까. 인수대비와 윤씨는 어쩌다가 이렇게 사이가 벌어진 것일까. 기록에 드러나 있지 않지만, 아마도 후궁들의 투기에 의한 것으로 보인다.

이세좌는 그날 밤 밤이 늦어서야 집으로 돌아왔다.

"듣건대 조정에서 폐비의 죄를 논한다 하는데 어떻게 되었어요?"

부인이 이세좌에게 물었다.

"지금 이미 약을 내려 죽이고 장단에 묻고 오는 길이오."

이세좌가 침중한 표정으로 말했다.

"슬프다. 우리 자손이 종자가 남지 않겠구나. 어머니가 죄도 없이 죽임을 당했으니 아들이 훗날에 보복을 하지 않겠는가. 조정에서 장차 세자를 어떤 처지에 두려고 이런 일을 하는 것인가?"

이세좌의 부인이 탄식했다. 갑자사화가 일어나자 부인이 예측한 것처럼 이세좌 일가는 연산군에게 몰살을 당했다.

제4장
연산군의 어린 시절

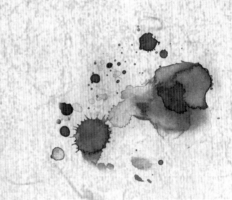

간신이 악의를 품고도 충신인 양하여
시왕時王을 경멸하여 손아귀에서 희롱하려 하도다
조정에서는 폐단을 한탄하나 배격될까 두려워
다투어 서로 구제하려 못된 버릇 일으키네

폐비 윤씨는 비참하게 죽었다. 그녀의 죽음은 어린 연산군의 정신에 많은 영향을 미쳤을 것이다. 생모가 폐위가 된 뒤에 죽었기 때문에 궁녀들이나 내관들은 연산군이 원자라고 해도 탐탁하게 여기지 않았다. 뒤에서 연산군에게 손가락질을 하고 수군거렸다. 정현왕후가 왕자를 낳으면 그의 원자 자리도 위태로질 것이었다. 그러나 정현왕후는 연산군이 세자로 책봉된 뒤에야 아들을 낳았다. 성종은 연산군이 8세가 넘을 때까지 세자를 책봉하지 않다가 마침내 세자를 책봉했다.

연산군은 원자였으나 어린 시절을 우울하게 보냈다. 윤씨가 낳은 둘째 아들은 폐비가 되고 얼마 되지 않아 죽었다. 실록에는 단 한 줄의 기록만 남았다. 성종은 윤씨의 둘째 아들이 죽었기 때문인지 어린 연산군을 강희맹의 집에서 키우게 했다. 연산군은 여러 해 동안 강희맹의 집에서 자라다가 대궐로 돌아왔다. 연산군은 어느 정도 자랄 때까지 정현왕후가 생모인지 알았다.

'세자니 함부로 대해서는 안 된다.'

정현왕후는 연산군을 특별하게 냉대하지 않았다. 그 덕분에 갑자사화의 피바람이 불 때 그녀는 곤욕을 당하지 않았다.

어두운 운명의 바람

폐비 윤씨는 불과 27세의 젊은 나이에 궁중 암투로 죽었다. 그가 억울하게 죽었다는 것은 성종이 사저에 내시를 보냈을 때 인수대비가 중간에서 거짓 보고를 하라고 지시한데서 잘 나타나고 있다. 야사에 의하면 그녀가 성종보다 나이가 열두 살 더 많은 것으로 알려져 있으나 실제로는 두 살밖에 더 많지 않았다. 그녀는 어린 나이에 성종의 후궁이 되었고, 국모의 자리까지 올랐으나 불과 3년도 되지 않아 사가로 내쫓겼다. 사가에서 죄인처럼 곤궁하게 살다가 다시 3년 만에 사약을 받고 죽었다.

연려실기술을 쓴 이긍익은 방대한 자료를 섭렵했는데, 폐비 윤씨가 억울하게 죽었다고 기록했다. 그녀의 억울한 죽음은 연산군 시대 피바람의 원인이 된다. 연산군이 자애로운 어머니 밑에서 자랐었다면 폭군이 되지 않았을 가능성도 있다.

윤씨는 성품이 강직했던 여인이었다. 그는 임금과 대비들 앞에서

할 말을 다 했다. 이 점이 성종이나 대비들에게는 칠거지악으로 비쳐졌다. 그러나 이는 표면적인 이유였을 뿐이다. 윤씨는 아름다운 여인이어서 한미한 집안이었는데도 성종의 총애를 받아 왕비로 책봉되었다. 원자를 생산했을 때까지 두 사람사이에는 아무런 문제가 없었다. 그러나 원자를 낳은 뒤 궁중암투가 치열하게 전개되었다. 인수대비는 윤씨를 곱게 보지 않았고 정 소용과 엄 소용은 부채질을 했다.

윤씨는 성품이 담대하고 가슴 속에 묻어두지 못했다. 대비들이나 성종에게도 곧은 말을 했고 후궁들에게 말을 가리지 않았다.

대궐의 가장 어른은 대외적으로는 정희왕후였으나 실질적으로는 인수대비가 다스리고 있었다. 그러나 폐비 윤씨는 자유분방했기 때문에 그녀의 눈에 거슬렸다. 폐비론이 처음 일어났을 때 성종은 하루 만에 번복했다. 윤씨의 종 삼월을 비난하면서 윤씨를 두둔했다.

폐비까지 거론되었던 일이 어떻게 하여 하룻밤 사이에 없던 일로 무마된 것일까. 이는 성종이 여전히 윤씨를 사랑했고 윤씨의 죄가 모함으로 밝혀졌기 때문일 것이다. 성종과 윤씨는 부부관계가 좋아져 아들을 또 낳았다.

두 번째 폐비론이 일어난 것은 약 3년 뒤의 일이었다. 윤씨의 죄로 거론된 것은 대부분 품행에 관련된 죄이고 성종이 다른 후궁들과 자고 있을 때 방을 침범했다는 죄다. 윤씨는 왜 이와 같은 죄를 저질렀을까. 실록의 기록을 살피면 윤씨가 투기를 한 것으로 되어 있다. 임금의 처소를 침범하는 것은 왕비라고 해도 불가능한 일이다. 그렇다면 다른 이유가 있었던 것일까. 이는 두 왕자 중에 한 왕자가 아팠을 가능성이 있다.

성종은 그 일 때문에 대노했다. 윤씨는 백배사죄하고 다시는 그와 같은 일을 저지르지 않겠다고 맹세했다. 그런데도 성종은 폐비 윤씨를 내치고 말았다. 그녀가 폐비가 된 뒤에 궁중 암투는 더욱 치열하게 전개되었다. 이때 승리를 한 여인이 정현왕후 윤씨, 정희왕후와 같은 파평 윤씨였다. 정현왕후는 성종과의 사이에서 진성대군과 신숙공주를 낳았다.

연산군이 어머니의 사랑에 눈 떠 갈 무렵 윤씨는 사사되었다. 생모가 죽을 때 그는 불과 여섯 살이었다. 그는 그 무렵 강희맹의 집에 보내져 자라고 있었다. 강희맹은 학문이 높은 인물이었고 부인은 다정다감한 여인이었다. 강희맹이 시를 잘 썼기 때문에 연산군은 그에게서 많은 영향을 받았다.

강희맹은 성종의 총애를 받아 병조 판서에 제수되고 판중추부사, 이조 판서를 역임했다. 성종의 신임이 두터워 그를 거리끼는 대신들이 익명서를 대궐에 던져 넣어 강희맹을 비난했다.

"나는 경을 의심하지 않고 경은 나의 말을 의심하지 마라."

성종은 익명서를 개의치 말라고 강희맹에게 당부했다. 그런데 성종은 왜 자신의 아들을 강희맹의 집에서 양육하게 했을까. 실록에는 원자가 병이 들어 피접을 하기 위해 강희맹의 집으로 보냈다고 기록되어 있다. 그러나 성종이 연산군을 냉랭한 성품인 인수대비 밑에서 자라게 하고 싶지 않았을 수도 있다.

강희맹은 세종 때 과거에 급제를 한 뒤에 세조 때와 성종 때 여러 벼슬을 전전했고 학문으로 명성이 높아 그가 세자였을 때 스승으로 학문을 가르쳤다. 강희맹의 부인은 순흥 안씨로 어질고 현숙했다.

연산군이 강희맹의 집으로 왔을 때 안씨는 춥고 따뜻한 것을 조절하고 젖을 알맞게 먹여 10일이 안 되어 건강하게 되었다. 궁중에서 부인이 집안을 다스림에 법도가 있다는 말을 듣고, 특별히 임금이 입는 옷 두서너 벌과 순면 직물과 소목蘇木과 백미 70석을 하사했다.

어느 날 갑자기 원자가 잘못하여 실꾸리絲錘子를 삼키는 바람에 목구멍이 막혀 매우 위급했다. 여러 종자從者들은 너무 급하여 어찌할 바를 모르고 울부짖기만 할 뿐이었다. 부인이 달려와서 보고, '어찌 물건 삼킨 어린이를 반듯이 눕혀 물건이 더욱 깊이 들어가게 하느냐.' 하며 즉시 안아 일으키고 유모를 시켜 양편 귀 밑을 껴잡게 하였다. 이어 부인이 손가락으로 실꾸리를 뽑아내니 기운이 통하여 소리를 내었다. 여러 종자들은 부인을 향하여 머리를 조아려 감사하기를, '부인께서 우리들의 목숨을 살렸습니다. 어찌 다만 우리들을 살렸을 뿐입니까. 나라의 근본(원자)이 부인 때문에 편안하게 되었습니다.' 하였다. 부인은 '공功을 받을 사람이 있으면 죄 받을 사람도 생기는 법이니 아예 다시 말하지 말라.' 하고, 입을 다물고 절대로 자신의 공을 말하지 않았다.

안씨는 자신이 연산군을 살린 일도 발설하지 않았다. 안씨의 따뜻한 성품을 알 수 있는 대목이다. 연산군은 세 살 때부터 강희맹의 집에서 자랐다. 그때 정원의 소나무 밑에서 놀았는데 왕위에 오르고 나자 진시황이 소나무 다섯 그루에 대부의 벼슬을 준 것처럼 그 소나무에 벼슬을 주고 금대金帶를 둘러 주었다. 그 문 앞을 지나가는 사람들에게는 말에서 내리게 했다. 그러나 대궐로 돌아오자 연산군은 성품이 달라졌다.

성종이 사향 사슴 한 마리를 길렀는데 길이 잘 들어서 항상 곁을 떠나지 않았다. 어느 날 폐주가 곁에서 성종을 모시고 있었는데 그 사슴이 와서 폐주를 핥았다. 폐주가 발로 그 사슴을 차니 성종이 불쾌하게 여기면서, '짐승이 사람을 따르는데 어찌 그리 잔인스러우냐.' 하였다. 뒤에 성종이 세상을 떠나고 폐주가 왕위에 오르자 그날 손수 그 사슴을 쏘아 죽였다.

연산군의 잔인한 성품을 기록한 《오산설림》의 내용이다. 오산설림은 연산군이 폐위된 뒤에 쓰인 책으로, 연산군의 어린 시절을 비난하고 있다.

사계절 아름다운 경치에 놀지 않을 수 없으니,
밝은 가을 달이 대臺위에 그윽하구나.
바람이 좋다고 강을 건너는 것을 좋아 마시오.
배 뒤집혀 위급하면 누가 구해 주겠소?
四時佳景不如遊,

須賞幽臺朗月秋。

莫好風江乘浪渡,

飜舟當急救人誰。

연산군의 어제시다. 그는 평화롭고 아름다운 경치를 노래하고 있다. 시에는 특별한 사상이 녹아 있는 것 같지는 않다. 즉흥적이고 감상적이다.

연산군은 당대의 이름난 학자들로부터 6세 때부터 학문을 배웠다. 연산군의 학문은 다른 왕자들과 다름없이 전개되었다. 성종은 경연을 자주 열었던 임금이었다. 그는 주강, 석강, 야강까지 하루 세 번 경연을 여는 날이 많았고 아들에게도 어릴 때부터 학문을 시켰다.

야사에는 연산군이 공부 하는 것을 싫어했다고 기록하고 있다.

연산군이 세자로 있을 때 허침許琛은 필선弼善이 되고, 조지서趙之瑞는 보덕輔德이 되었다. 연산군은 날마다 유희만 일삼고 학문에는 마음을 두지 않았다. 성종이 야단을 칠까봐 두려워하여 서연에 나오기는 했으나 스승들이 마음을 다하여 강의를 해도 모두 귀 밖으로 흘려들었다. 조지서는 천성이 굳세고 곧아서 강의 때마다 연산군을 야단쳤다.

"저하께서는 어찌 이렇게 학문을 게을리 하십니까?"

조지서는 연산군이 게으름을 피우면 가차 없이 꾸짖었다.

"학문을 매일 같이 할 필요는 없소."

연산군이 뱀처럼 차가운 눈으로 조지서를 노려보았다.

"저하께서 학문에 힘쓰지 않으시면 신은 마땅히 전하께 아뢰겠습니다."

조지서가 책을 던지면서 소리를 지르자 연산군은 마지못해 공부하는 시늉을 했다. 반면에 허침은 화를 내지 않고 부드러운 말로써 조용히 가르쳐 연산군이 좋아했다.

"조지서는 큰 소인이요, 허침은 큰 성인이라."

연산군이 벽에다가 글을 써 붙였다. 연산군은 보위에 오르자 조지서를 베어 죽이고 그 집을 적몰했다. 한때 스승이었던 조지서마저 가차 없이 죽인 것이다.

허침은 우의정이 되어 비록 잘못된 것을 바로 잡지는 못했으나, 매양 왕의 명을 받들어 의정부에 앉아서 죄수를 논죄할 적에 주선하고 구원하여 살린 사람이 매우 많았다. 정무를 마치고 집에 돌아오면 매양 피를 두어 되 가량 토하더니 분하고 답답한 심정으로 인해 죽게 되었다.

연려실기술의 기록이다. 연산군은 의도하든 의도하지 않았든 두 스승을 모두 죽음으로 내몬 것이다.

손순효는 윤씨를 폐비시킬 때 격렬하게 반대했던 인물이다. 하루는 성종이 인정전에 술자리를 마련했는데 우찬성 손순효가 아뢰었다.

"가까이 가서 드릴 말씀이 있습니다."

"말하라."

성종이 어탑御榻으로 올라오게 했다. 그러자 손순효가 술에 취해 성종이 앉은 용상을 만졌다.

"이 자리가 아깝습니다."

"나는 또한 그것을 알지마는 차마 폐할 수 없다."

"대궐 안에 사랑하는 여자가 너무 많고 신하들이 임금에게 말을 올릴 수 있는 길이 넓지 못합니다."

"어찌하면 이를 구하겠는가?"

"전하께서 이를 아신다면 저절로 그 허물이 없어질 것입니다."

임금에게 막말을 하는 손순효를 본 대신들이 깜짝 놀랐다.

"신하로서 임금의 용상에 올라가는 것도 크게 불경한 일인데 또 임금의 귀에 가까이 대고 말하는 것은 더욱 무례한 태도이니 순효를 옥에 내려 가두소서. 손순효가 비밀히 아뢴 것이 무슨 말입니까?"

"순효가 나를 사랑하여 나에게 여색 좋아함을 경계하고 술 끊기를 경계하였으니 무슨 죄 될 것이 있으리오."

성종은 손순효를 벌하지 않았다.

연산군의 혼례

연산군은 여덟 살이 되었을 때 세자에 책봉되었다. 그러나 그의 친동생, 윤씨가 낳은 둘째 아들은 그가 여섯 살일 때 요절했다. 정현왕후는 왕비에 책봉되어 진성대군과 신숙공주를 낳았으나 연산군이 세자로 책봉될 때까지 아기를 낳지 못했다. 정현왕후가 좀 더 일찍 진성대군을 낳았다면 연산군의 세자 자리도 위태로웠을 것이다. 그러나 정현왕후가 아들을 낳지 못했기 때문에 성종은 부득이 연산군을 세자로 책봉할 수밖에 없었다.

성종은 연산군이 썩 마음에 들었던 것 같지는 않다. 연산군에게 서연을 열게 하고 새로운 궁전을 지어주는 등 할 일은 다했으나 아버지로서 애정을 보이지는 않았다. 그렇지 않았다면 실록을 편찬한 인물들이 그 부분을 삭제했을 것이다.

"세자를 세워 백성들의 마음을 붙잡아 매는 것은 대본大本을 위함이며 제사를 받드는 일에는 맏아들만한 자가 없으니, 이는 실로 큰 도리다. 이에 지난날의 법도를 상고하여, 금보金寶와 옥책玉冊을 내리노라. 아! 너 이융李㦕은 나면서부터 영리하여 일찍부터 인효仁孝의 성품이 현저하고, 총명이 날로 더해 가 장차 학문의 공이 융성할 것이니, 마땅히 동궁에서 덕을 기르고 대업을 계승할 몸임을 보여야 할 것이다. 그래서 너를 세워 왕세자로 삼는다. 아! 이에 총명을 받았으니, 더욱 영구한 계책을 생각하라. 간사함을 멀리하고 어진 이를 친근히 하여 힘써 스승의 아름다운 가르침을 지키고 '항상' 깊은 못에 임하듯 얇은 얼음을 밟는 듯 조심하여 조종의 빛나는 발자취를 뒤따르면, 이 어찌 아름답지 아니하랴?"

성종이 연산군을 세자에 책봉하면서 내린 교지다. 연산군은 열 살이 되자 혼례를 올리게 되었다. 금혼령을 내린 뒤에 간택을 보고 좌참찬 신승선의 딸 신씨를 세자빈으로 책봉했다. 2월 6일의 일이었다. 이 날은 아침부터 비바람이 세차게 불어 사람들이 모두 불길하게 여겼다.

"세상의 풍속은 혼인날에 바람 불고 비 오는 것을 싫어하는 모양이나 대개 바람이 만물을 움직이게 하고 비가 만물을 윤택하게 하니 만물이 사는 것은 모두 바람과 비의 공덕이라. 그대는 날씨 때문에 두려워하지 말라."

성종이 세자빈의 아버지인 신승선에게 편지를 보냈다. 다행히 오후가 되자 날씨가 개어 청명했다. 세자빈 책봉이 끝나자 성종은 친히 교서를 반포하고 대사령을 내렸다.

연산군과 인수대비의 관계는 어땠을까. 윤씨가 폐비되어 사사되고 얼마 되지 않았을 때 정희왕후가 죽었다. 정희왕후가 죽으면서 인수대비가 사실상 대궐의 가장 어른이 되어 권세를 휘둘렀다. 성종은 총명하고 효성이 깊었기 때문에 인수대비를 깍듯이 받들었다.

인수대비는 손자인 연산군을 특별히 미워하지 않았다. 다만 그녀의 칼날 같은 성품 때문에 할머니의 인자한 모습보다 자주 꾸중을 하는 노파로 연산군의 뇌리에 각인되었다. 그녀는 안순왕후와 함께 자주 동궁전에 가서 지냈다. 그리하여 연산군은 성종이 밖에서 돌아오면 동궁전에 가서 인수대비에게 문안을 드리기도 했다. 사이가 나빴던 것은 오히려 성종과 연산군 부자 사이였다. 성종은 연산군이 세자에 책봉된 이래 한 번도 칭찬하는 말을 하지 않았다. 손순효에게 말한 것처럼 세자에서 폐위시키려니 측은했고, 폐위시키지 않으려니 마음에 들지 않았다.

"네 어찌 이 글을 못 읽는 것이냐?"

성종은 때때로 연산군이 학문을 게을리 한다고 지적했다. 연산군의 동정을 살피고 그가 학문보다 노는 것을 좋아한다고 지적했다.

"생각해 보라. 네가 어떤 몸인가. 어찌 다른 왕자들과 같이 노는데만 힘을 쓰고 학문에는 뜻이 없어 이같이 어리석고 어두우냐."

성종이 꾸짖자 연산군은 그날 이후 불러도 아프다고 핑계하고 가지 않은 적이 많았다.

"거리에 나가 놀다 오겠습니다."

하루는 연산군이 성종에게 청했다. 성종은 잠시 생각에 잠겼다. 왕세자를 밖에 내보내는 일은 번거로운 일이 많았다. 그러나 미행을 하여 바깥세상을 구경하는 것도 나쁘지 않을 것이라고 생각했다.

"그리하라."

성종이 허락했다. 연산군은 내시와 갑사 몇 명만 거느리고 대궐밖에 나가 놀았다.

"네가 오늘 거리에 나가서 놀 때 무슨 기이한 일이 있더냐?"

저녁 때 대궐로 돌아오자 성종이 물었다.

"구경할 만한 것은 없었습니다. 다만 송아지 한 마리가 어미 소를 따라가는데, 어미 소가 소리를 내면 송아지도 문득 소리를 내어 응하여 어미와 새끼가 함께 살아 있으니 이것이 가장 부러운 일이었습니다."

성종은 이 말을 듣고 가슴 아프게 생각했다. 한때 자신이 사랑했

던 여자가 낳은 아들이었다. 투기가 심하여 사약을 먹여 죽였으나 세
월이 흐르자 안타까운 생각이 들었다.

"세자를 불러 오라."

하루는 성종이 인수대비에게 술을 올리면서 세자를 불렀다. 그러
나 연산군은 불러도 가지 않았다.

"만약 병이 없다고 아뢰면 뒷날 너를 마땅히 죽이겠다."

연산군이 궁녀에게 영을 내렸다.

'아들놈이 저와 같이 교활하니 어찌하는 것이 좋은가?

성종은 이때부터 세자를 폐하고 싶은 마음이 굴뚝같았으나 적자嫡
子가 없고 연산군이 어리고 약하여 의지할 곳이 없음을 불쌍히 여겨
차마 폐위시키지 못했다.

간신이 악의를 품고도 충신인 양하여

시왕時王을 경멸하여 손아귀에서 희롱하려 하도다

조정에서는 폐단을 한탄하나 배격될까 두려워

다투어 서로 구제하려 못된 버릇 일으키네

姦人抱惡似眞忠,

輕傲時王弄掌中。

朝恨弊端還畏擊,

爭圖相救起頑風

연산군이 승정원에 내린 어제시다. 이 시를 보면 연산군은 자신의

주위에 간신들이 득실대는 것을 알고 있었다. 그런데도 음행과 포학한 짓을 멈추지 않았다.

성종 때 양로연이 대궐에서 열렸다. 왕세자 연산군이 관복을 갖추고 인정전에 이르러 성종에게 네 번 절을 올렸다. 술이 다섯 배 돌자 판중추 손순효가 자리에서 나와 꿇어앉아 아뢰었다.

"신 손순효는 세 번 빈객이 되었으나 요사이 늙고 병들어 물러났는데, 이제 잔치에 참여하게 되었습니다. 옛사람이 나그네에게 말하듯이, 이제 늙은이도 한 말씀을 올리려 합니다. 성탕成湯은 성스럽고 공경함을 날로 높이셨으며, 문왕은 끊임없이 공경하였습니다. 원컨대 세자께서는 이 말을 잊지 마소서."

손순효가 엄중한 얼굴로 연산군에게 성군이 되라고 가르쳤다.

"스승님의 말씀을 삼가 받들어 모시겠습니다."

연산군이 공손하게 대답했다.

"먼저 이미 말하였습니다마는, 또 한 말씀이 있습니다. 《대학》의 〈탕지반명湯之盤銘〉에 이르기를, '날마다 새롭고 또 날로 새롭다.'라고 하고, 성탕은 화리貨利를 증식增殖하지 않고, 성색聲色을 가까이 하지 않았으니, 이것이 바로 날로 새롭게 하는 방법입니다."

노래와 여자를 가까이 하자 말라는 충고다.

"자세히 들었습니다."

"이것은 다만 세자만이 아실 것이 아니고, 또한 상달(上達, 학문이나 기술 등이 발달함)할 만합니다."

"마땅히 상달하겠습니다."

연산군이 공손히 아뢰었다.

"경은 예전에도 일찍이 나에게 경계하라는 말을 올리더니, 이제
또 세자에게 경계하는 말을 올리었으므로, 내가 매우 가상하게 여긴
다."

성종이 대홍 필단 철릭大紅匹段帖裏을 손순효에게 하사했다.

"만일 진언하는 이가 있으면 다 하사하실 수 있겠습니까? 신은 감
히 받지 못하겠습니다."

손순효는 성종이 하사하는 상을 받지 않고 물러갔다.

왕세자의 후궁 소동

연산군은 세자빈 신씨를 맞아들였으나 열여섯 살이 될 때까지 원손
을 낳지 못했다. 16세라면 서두를 나이가 아니었으나 왕실에서는 금
혼령을 내리고 곽인의 딸을 세자의 후궁인 양원으로 맞이하기로 했
다. 그런데 곽인의 딸이 이미 정혼을 한 일이 있어서 조정에서 일제
히 반대했다.

"삼가 생각하건대 혼인은 인도人道에 중대한 것입니다. 납채納采를
하고 혼기를 정하면 부부의 도리가 이미 성립되는 것입니다. 그래서
정혼을 하면 아직 혼례는 치르지 아니하였더라도 상례를 하는 것이
《예경》에 나타나 있으며, 납폐納幣를 하면 다시 다른 사람에게 혼인
을 허락 할 수 없음이 《대전》에 실려 있습니다. 곽인의 딸이 비록 간

택에 뽑힌 적이 있었으나, 이미 허혼하여 전안奠雁할 날을 받아 놓고 있는데, 이제 또 금혼시켰다고 하니, 이는 《예경》이나 《대전》에 있어 둘 다 잘못이라고 할 수 있습니다."

홍문관 부제학 김심 등이 아뢰었다. 곽인의 딸은 세자빈 간택에 뽑혔으나 신승선의 딸에게 밀려 마지막에 떨어져 혼인을 해도 좋다는 명이 내렸다. 이에 이세좌의 아들과 정혼을 하고 혼인할 날을 기다리고 있었다.

"광양군이 이미 다시 곽인의 딸과 혼인을 의논하지 않게 되면 곽인도 반드시 다른 곳으로 혼인할 것을 의논하게 될 것이다. 그렇다면 금혼한다고 해서 무슨 불가할 것이 있겠는가?"

광양군은 이세좌를 일컫는 것이었다. 이세좌가 양보하면 어려운 일이 없다는 것이다.

"곽인의 딸을 양원良媛에 봉하여 정월에 동궁전으로 들이라."

연산군의 양원 곽씨에 대해서는 더 이상 기록이 없다. 그러나 곽씨보다 더 특별한 인물은 곽인의 어머니였다. 그녀는 음률에 뛰어나고 춤추는 것을 좋아했다 실록에서는 천한 여종 출신이라고 비판하고 있으나 그녀는 예인이었다.

곽인의 어미 모씨某氏는 일찍이 과부가 되었는데, 풍류를 좋아하여, 여종에게 가곡을 가르쳐서 날마다 관악기를 불고 현악기를 타게 하며, 뭇 여종을 시켜 자리 위에서 춤추게 하고서, 앉아 노래하여 어울렸다. 이웃에 있는 현감 황사형의 첩은 늙은 음부淫婦였는데, 모씨는 날마다 그 집에 가서 손을 잡고 실컷 마시며 젓가락을 두들기고 번갈아 노래하고는 서로 가서 자는 것이 절도가 없었다. 그리고 한때는 술에 취하여 마을 안의 무뢰한 자를 끌어들여 뜰아래에 앉혀 비파를 타게 하고는 말하기를, '자네의 비파 소리가 가장 미묘하네. 나를 위하여 두어 곡을 타게 하라.' 하였다. 또 마을 안의 상스러운 아낙네 몇을 데리고 걸어서 장의문藏義門 밖으로 나가 산속에서 술을 마시며 즐겁게 놀았는데 하늘에서 비가 내리자 날이 이미 어두운 줄도 모르고 돌아오게 되었는데, 성문이 이미 닫혔으므로 문 밑에서 한뎃잠을 잤다. 곽인 역시 술 마시기를 좋아하고 경박하기가 이를 데 없었다.

곽 양원은 곽인의 두 번째 부인에게서 낳았다. 곽인의 처형은 음탕한 행실이 있어서 버림을 받고 곽인의 집에 들러 술에 취하면 자곤 하여 처소를 가리지 않았다. 일반적으로 세자의 양원을 뽑을 때는 간택령도 내리지 않고 금혼령도 내리지 않는다. 연산군도 양원을 간택한 것이 아니라 세자빈을 간택했을 때 뽑힌 여인을 양원으로 뽑은 것에 지나지 않았다. 그러나 그녀가 정혼을 했기 때문에 홍문관을 비롯하여, 승정원, 사헌부, 성균관에서조차 격렬하게 반대를 하고 나왔다. 그런데도 성종은 강력하게 곽씨를 양원으로 들이라는 영을 내렸다.

곽 양원에 대해서는 연산군이 강력하게 요구했을 수도 있다. 어떤 인연이든지 연산군과 곽양원은 이미 관계를 가지고 있었다고 보아야 하는 것이다.

연산군은 이때 성균관 유생들에게 반감을 가지게 되었다.

유생들이 대궐 뜰에서 보는 과거를 연산군이 시 3편으로 정하면서 시제를 내렸다.

봄이 한창인 이원에서 고운 음악을 한가로이 완상한다
여러 간사한 신하를 제거하고 충신 얻기 목마른 것 같이 한다
이름만 낚는 자를 모두 베고 순수한 정성을 취하려 한다.
春開梨園 閑閱芳樂。
期剪群邪 得忠如渴。
盡誅釣名 欲取純誠

과거시험에 이원기루에 대한 내용으로 차운을 하라는 것은 터무니없는 일이다.

곽 양원이 할머니의 영향을 받았다면 가무음곡에 능했을 것이고 연산군에게도 영향을 미쳤을 것이다. 술과 음악을 즐긴 왕들이 없지는 않았으나, 연산군은 직접 춤을 추기까지 했다. 연산군에게 곽 양원과 임숭재가 음률을 전수했다고 보아야 하는 이유이다.

연산군은 자라면서 학문을 계속했다. 그러는 동안 한명회, 정인지, 정창손 등 당대의 원로대신들이 죽었다. 유림의 종사로 불리는 김종직도 밀양에서 제자들을 가르치다가 죽었다.

성종은 폐비 윤씨를 내쳤으나 비교적 선정을 베풀었다. 그가 재위에 있는 동안 사화도 일어나지 않았고 정쟁도 없었다. 성종은 하루에

경연을 세 번이나 열면서 선정을 베풀었으나 재위 25년 38세가 되자 갑자기 위독해졌다. 세밑을 며칠 앞두고 평소에 앓던 종기가 발작하여 위태로워졌던 것이다.

"배꼽 밑에 작은 덩어리가 생겼는데, 지난밤부터 조금씩 아프고 빛깔도 조금 붉다."

내의원 제조 윤은로가 문안을 하자 성종이 고통스러운 표정으로 말했다.

"광양군 이세좌가 항상 이 증세로 앓았으니, 반드시 치료하는 방법을 알 것입니다. 불러서 물어 보는 것이 어떠하겠습니까?"

윤은로가 성종에게 물었다.

"세조께서 병환이 나셨을 때에 노사신 등이 시약侍藥하였으니, 반드시 약의 이치를 자세히 알 것이다. 윤필상, 노사신, 임원준, 이세좌를 부르도록 하라."

성종이 명을 내리자 이세좌가 들어왔다.

"신이 이 병을 얻은 지 이미 15여 년인데, 별다른 치료하는 방법이 없고 다만 수철水鐵과 천년와千年瓦를 불에 구워 '그 부위에' 문질렀을 뿐입니다."

이세좌가 아뢰었다. 이세좌도 신통한 방법이 없었다.

"내 증세는 어의 송흠이 알 것이다."

윤필상과 윤호가 대궐에 들어와 송흠 등으로 하여금 진맥을 하게 했다.

"전하의 몸이 몹시 여위셨고, 맥도(脈度, 맥박이 뛰는 정도)가 부삭浮

數하여 어제는 육지六指였는데, 오늘은 칠지七指였습니다. 그리고 얼굴빛이 위황痿黃하고 허리 밑에 적취(積聚, 뱃속에 덩어리가 생겨 아픈 병증)가 있고, 내쉬는 숨은 많고 들이쉬는 숨은 적으며, 입술이 또 건조하십니다. 성상께서 큰 소리로 약을 물으시므로, 아뢰기를, '청심연자음清心蓮子飮, 오미자탕五味子湯, 청심원清心元 등의 약은 청량한 재료가 들어 있어서 갈증을 그치게 할 수 있으니, 청컨대 이를 진어進御하게 하소서.'라고 하였습니다. 또 성상의 몸을 보건대 억지로 참으시면서 앉으신 듯 하기 때문에 마침내 물러나왔습니다."

송흠이 대신들에게 보고했다.

"내가 아직 불편하니, 죄수를 모두 석방하도록 하라."

"조종조祖宗朝부터 살인강도와 고의로 살인한 것은 사면을 받지 못하였는데, 어떻게 이를 처리해야 하겠습니까?"

승지들이 아뢰었다.

"이는 특별히 사면하는 일이니, 모두 석방하도록 하라."

성종은 중죄를 범한 죄수들까지 석방하면서 병이 낫기를 갈망했다. 병이 더욱 심해지자 성종은 윤필상, 영의정 이극배, 좌의정 노사신, 우의정 신승선, 영돈녕 윤호를 불렀다.

"내가 경 등을 오랫동안 보지 못하였으므로, 이에 인견하고 겸하여 병증을 보이려고 한다."

성종은 유언을 남기기 위해 대신들을 불렀다.

"승지와 주서, 사관史官이 따라 들어가기를 청합니다."

승정원에서 아뢰었다. 유언은 여러 사람이 들어야 한다는 뜻이다.

"도승지만 들어오라."

성종이 명을 내렸다.

1494 성종 25년 12월 23일 신시申時에 윤필상, 이극배, 노사신, 신 승선 등이 침으로 들어갔다. 곤룡포를 입은 성종을 세자인 연산군이 모시고 앉아 있었다.

"이 병은 내가 처음에 대수롭게 여기지 아니하였는데, 점점 음식 을 먹지 못하여 살이 여위었다."

"원하건대 성상께서는 공사를 생각하지 마시고, 군신을 접견하지 못하시는 것을 생각하지 마소서. 그리고 모든 생각을 잊으시고 힘써 스스로 조섭하시면, 봄날이 화창하고 따뜻해질 때에 마땅히 저절로 나으실 것입니다."

대신들이 아뢰었다. 성종은 대신들에게 이것저것 유언을 남겼으 나 사관들은 기록하지 않았다. 성종은 병이 더욱 악화되어 이튿날인 12월 24일 오시午時 대조전에서 운명했다.

왕을 능멸하지 말라

사림의 공격에 연산군이 분노하다

무오사화의 피바람

제5장

조의제문과 연산군

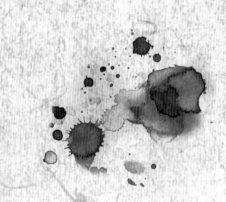

경을 대하매 마음이 도움을 바라니
나라를 다스리되 태평에 뜻 두오
취한 김에 말을 많이 함은
충성스런 신하 얻고 싶어서네

　성종이 38세에 종기로 인한 병으로 죽자, 연산군은 18세의 젊은
나이에 조선의 왕으로 즉위했다. 세자빈 신씨는 왕비가 되었고 정현
왕후는 대비가 되었다. 연산군은 즉위 초에는 평범하게 보냈다. 성종
을 선릉에 장사 지내고 연산군 시대의 막을 올렸다. 그는 즉위 초에
효성스러운 군주가 되려고 했다. 그러나 즉위하고 한 달 밖에 되지 않
았을 때 대신들과 부딪치는 일이 발생했다.

　대신들은 성리학을 조선의 국시로 삼았으나 대궐의 부녀자들은 여
전히 불교를 숭상했다. 인수대비와 정현왕후는 성종의 극락왕생을 비
는 수륙재水陸齋를 올리겠다고 연산군에게 청했다.

　"부왕의 혼백을 받들어 모시는 일인데 어찌 거절하겠습니까?"

　연산군은 대비들의 청을 허락하고 수륙재를 준비하라는 명을 내
렸다.

조의제문과 연산군

"불교를 받드는 것은 유학의 근간을 흔드는 일입니다."

삼사와 성균관 유생들이 일제히 반대했다.

"대비전을 받드는 일인데 어찌 불교를 숭상한다고 하는가? 너희들은 성인이 가르치는 효도 배우지 않았느냐?"

연산군이 삼사와 유생들의 간언을 일축했다. 그런데도 유생들이 매일 같이 상소를 올려 수륙재를 반대했다.

"유생들이 공부는 하지 않고 임금을 번거롭게 하는가? 추국하라."

연산군은 호락호락한 인물이 아니었다. 전례에 없이 유생들을 엄벌에 처하려고 했다.

"전하께서 직언을 듣기 싫어하시면 안 됩니다."

이번에는 대신들이 강경하게 말했다.

"직언을 듣기 싫어한다 하지만, 착한 말이 있으면 어찌 듣지 않으랴. 내가 직언을 듣기 싫어함이 아니라 위를 능멸하는 풍습을 기를 수 없기 때문이다."

연산군은 직언이라는 구실로 임금을 무시하지 말라고 경고했다. 대신들은 연산군이 즉위 초부터 강경하게 나오자 왕조의 앞날이 불길할 것이라고 생각했다.

왕을 능멸하지 말라

성종이 태평한 시대를 열었던 덕분에 연산군 즉위 초에는 큰 대립이 없었다. 성종은 세조 이후 25년이나 안정된 치세를 했고, 문치를 실시했다. 세조시대의 공신들인 한명회, 신숙주, 정창손, 정인지 등은 원상이 되어 권력을 누렸다. 성종은 소위 훈구대신들이 조정을 좌지우지하자 사헌부, 사간원, 홍문관 등 신진사대부들을 동원하여 공신들을 견제했다.

삼사는 성종의 비호를 받아 대신들을 탄핵할 수 있는 절대 권력을 갖게 되었다. 그러나 그들은 이에 그치지 않고 임금의 정사까지 좌우하려고 했다. 성종은 훈구대신들과 사림을 적절하게 견제시켜 균형을 이루었다. 그러나 연산군시대로 넘어오면서 균형이 깨지게 되었다. 삼사의 기능과 권한이 막강해지면서 사사건건 연산군과 충돌하게 된 것이다.

성종은 문치를 이루고 많은 개혁을 했다. 포도청의 전신인 포도장 제도로 도적을 잡고 서적을 출간하는 등 많은 업적을 이루었다. 그러나 그의 개혁이나 치세가 혁명적인 것은 아니었기 때문에 평범한 군주로 인식되었다.

연산군은 성종과 전혀 성격이 달랐다. 그는 즉위 초부터 방대해진 사림파의 기세를 꺾으려고 했다. 연산군이 즉위하고 얼마 되지 않았을 때 건주여진이 북쪽 국경을 위협해 왔다. 대신들은 건주여진을 토벌하기보다 회유하는 것이 좋겠다고 건의했다.

"전쟁은 백성들을 피폐하게 한다."

연산군은 대신들의 건의에 따라 건주여진을 회유하기 시작했다. 오랫동안의 노력이 결실을 맺어 건주여진은 조선의 국경에서 물러났다. 연산군은 국조보감, 여지승람 같은 서적을 편찬하고 국경을 튼튼하게 했다. 그러는 동안에도 사림파와의 대립은 계속되었다.

'위를 능멸하지 말라.'

연산군은 사림파에게 강력하게 경고했다. 연산군의 한 마디는 사림파를 얼어붙게 만들었다. 연산군의 마음 한 구석에는 폐비 윤씨로 인한 어두운 그림자가 자리 잡고 있었다.

"대행 전하께서 윤씨를 폐하였으니, 전하께서 의리상 어머니로 여길 수는 없는 것입니다. 예禮에 '자식 된 자는 출모出母를 위하여 복을 입지 않을 수 없다. 복을 입지 않는 것은 '어미 자격'을 잃은 자에게는 제사를 지내지 않기 때문이다.' 하였는데, 해석하는 자가 그렇다고 수긍하면서 '비록 복은 입지 않을지라도 오히려 심상心喪으로 자처하는 것은 은혜를 위한 것이다.' 하였으니, 그렇다면 자식으로서 어미를 끊는 이치는 없다는 것이 분명합니다. 폐후가 서거하자 풀밭에 고장藁葬하여, 이제까지 14년 동안 길가는 사람들이 슬퍼하고 있습니다. 마땅히 별전別殿을 세우고 자릉慈陵을 만들어서 어머니의 은혜를 보답함이 어찌 심상心喪으로 자처하여 은혜를 위하는 도리에 맞는 것이 아니겠사옵니까."

진주에서 창원목사 조지서가 상소를 올렸다. 조지서는 아울러 폐비 윤씨의 친족이 모두 다 귀양 갔다가 이제야 사면 받고 돌아왔는데, 그들을 돌보아야 주어야 한다고 요구했다. 성종의 명으로 폐비 윤씨에 대하여서는 언급을 하지 못하게 되어 있었다. 그러나 조지서는 성종이 죽은 지 불과 몇 달 되지 않아 폐비 윤씨 문제를 거론하고 나온 것이다. 특히 윤씨의 무덤이 길가에 버려져 있다고 하여 연산군의 분노를 샀다.

'이놈이 어찌 이런 상소를 올렸는가? 명색이 스승이라는 놈이 즉위 초부터 나를 시험하는 것인가?'

연산군은 조지서의 상소를 보고 어리둥절했다. 폐비 윤씨에 대해서는 성종이 어떠한 일이 있어도 거론하지 말라는 엄명을 내린 일이 있었다.

'이놈이 이렇게 나온다면 나도 가만있지 않을 것이다.'

조지서는 강직한 인물이었기 때문에 연산군에게 글을 가르칠 때도 엄격하여 이를 갈았었다.

"조지서를 잡아다가 국문하라."

연산군이 승정원에 영을 내렸다. 연산군은 성종의 유명을 거역하고 싶지 않았다.

"창원 부사 조지서를 잡아오라는 명이 있었다고 하옵니다. 지서의 말이 지나치고 불공하다고 하지만 즉위하신 초기에 이미 구언求言하는 전교를 내리시고 도리어 사실을 들어 말하는 사람을 죄준다면, 신은 말하는 길이 막힐까 두렵습니다."

대신들과 삼사가 일제히 반대했다.

"정성근, 조지서 등에게는 특별히 서용하라는 명령이 있기 전에는 절대로 발탁하지 마라."

연산군은 사람이 반발하자 조지서에게 어떠한 일이 있어도 벼슬을 주지 말라고 지시했다. 그는 아직까지 조지서를 죽이고 싶은 생각은 없었다.

"조지서는 이 따위 광망한 사람과 상통할 리가 없사온데, 지금 이와 같은 전교를 하시오면 사람 쓰는 도에 방해가 있지 않을까 걱정이오며, 또한 이 두 사람을 끝내 버려서는 안 됩니다."

"허다한 선비들 가운데서 두 사람을 들어 말하였으니, 반드시 까닭이 있을 것이다. 조지서가 일찍이 서연관이었을 때에 보니, 재주가 낮고 덕이 박한 사람이었다. 당분간은 서용하지 않는 것이 옳다."

연산군이 영을 내렸다. 연산군은 그때까지는 포학한 군주가 아니었다. 조지서가 이와 같은 상소를 올린 것은 어리석은 일이었다. 그는 새로 즉위한 연산군에게 호감을 사려고 했으나 오히려 역효과를 불러왔다. 조지서는 연산군 재위 기간 내내 시달림을 받다가 갑자사화 때 국문을 당했는데 몸이 비중 하여 형장 30대를 맞고 죽었다.

"당직청에서 머리를 베어 철물전 앞에 효수하고, 시체는 군기시 앞에 두라."

연산군이 영을 내렸다. 조지서의 죄명은 '제 스스로 높은 체하고 군상君上을 능멸한다.'였다. 연산군은 백관들로 하여금 차례로 서서 보게 하였는데, 그때가 밤 4경이었다.

'무서운 임금이다. 대신들에게 시체의 머리를 보게 하다니….'

군문에 효수되어 있는 조지서의 머리를 본 대신들은 몸을 떨었다.

사림의 공격에 연산군이 분노하다

연산군시대의 사화는 사림이 지나치게 비대해지면서 이를 견제하려는 연산군과 원로대신들의 반목으로 일어났다. 사림은 삼사에 포진하여 삼정승 육조판서를 탄핵하여 물러나게 하는 등 연산군 시대에 이르면 조정을 쥐락펴락하여 대신들이 삼사의 눈치를 보아야 했다. 연산군은 누차에 걸쳐 삼사가 위를 능멸한다고 경고했고, 노사신을 비롯하여 대신들도 불편해했다. 특히 영의정을 지낸 노사신은 삼사의 이러한 행동에 제동을 걸어야 한다고 주장했다. 삼사는 노사신을 맹렬하게 성토했다.

"전하께서 즉위하신 후로부터 노사신이 매양 대간을 해치려 하니, 이는 언로를 두절시켜 전하의 총명을 가리려는 것입니다. 청컨대 노사신을 잡아다가 국문하소서."

사헌부 지평 손번이 아뢰었다.

"지금 신 등에게 '대신을 경멸한다.' 하는데, 신 등이 어찌 대신을 경멸하리까. 사신이 전하의 앞에서 대간의 논박을 당했으면 대죄待罪하기에 겨를이 없어야 할 것이온데, 도리어 대간더러 '고자질을 해서 곧다는 이름을 취득하는 짓이다.'고 하니, 이는 전하께서 대간의 말을 듣지 않으시고 자기 말만을 믿게 하기 위해 감히 가슴속의 음모를 드러낸 것입니다. 춘추의 법을 말하면 사신의 죄는 비록 극형에 처해도 도리어 부족하옵니다. 신 등은 그의 살덩이를 씹고 싶습니다. 이를 다스리지 않는다면 인신人臣으로서 누가 군상君上 앞에 직언을 할 자가 있겠습니까?"

조순도 아뢰었다. 노사신의 살을 씹어 먹고 싶다고 말한 것은 확실히 지나친 점이 있다. 노사신을 비롯한 조정의 원로대신들은 경악했다.

"네가 노사신의 살을 씹어 먹고 싶다 말한 것은, 필시 '내가 대간이 되었으니 비록 이같이 말할지라도 나를 어찌할 수 없을 것이다.'라는 생각에서일 것이다. 옛사람도 '그 살을 씹어 먹고 싶다.'고 한 자가 있다. 그러나 사신이 말한 일과는 전혀 같지 않다. 사신의 말은 '비록 글월을 알지 못하더라도 자질만 좋을 것 같으면 수령을 시킬 수 있다.' 는 것이니, 이는 평이한 말인데, 그 살을 씹어 먹고 싶다고까지 말했으니, 미루어 생각하면 비록 곤룡포를 입고 면류관을 쓴 나라도 공경하는 마음이 있겠느냐. 조정은 화목한 것을 귀하게 여기는데, 지금은 조금만 불협한 일이 있으면 반드시 이 같은 말을 하니, 되겠느냐."

연산군은 노사신을 경멸하는 너희들이 임금이라고 경멸하지 않겠느냐고 비난했다. 연산군의 말에도 대간들은 물러서지 않았다.

"신들이 어찌 전하를 능멸하겠습니까?"

"그럼 너희들의 생각은 무엇이냐?"

"신 등이 사신의 살을 씹어 먹고 싶다는 것은, 사신이 대간들이 사私를 끼었다고 자기를 논박할 적에 인책하여 대죄하지 않고, 도리어 대간에게, '고자질하는 것으로써 곧은 것을 삼으니, 이 풍속은 시정하지 않으면 안 된다.' 했습니다. 이는 대간으로 하여금 감히 재상의 일을 논하지 못하게 하고, 또한 전하로 하여금 대간의 말을 받아들이지 못하게 해서, 자기의 흉억(胸臆, 품고 있는 생각을 행하려는 것)입니다. 만약 조금이라도 전하의 권위를 두려워하고 조정의 의사를 존중하는 의사가 있다면 결코 이런 말을 할 수 없습니다. 사신의 말이 족히 임금을 그릇되게 하고 나라를 망칠 수 있으니, 비록 그 살을 씹어먹어도 그 죄에 보상이 되지는 못할 것입니다."

조순이 다시 아뢰었다. 연산군은 조순의 말에 눈에서 불이 일어나는 것 같았다. 그때 승지들도 일제히 상소를 올렸다.

"무릇 사람의 말이란 그 정상을 먼저 살펴야 합니다. 신 등이 사신의 말을 직접 듣지 못했으나 사신이 만약 범연히 말하기를 '사람이 비록 글을 알지 못할지라도 재간이 있으면 수령이 될 수 있다.' 하였다면 오히려 가합니다만, 대간이 말한 것으로 보면, 그 말이 '고자질하는 것으로써 곧은 것을 삼으니 이 풍속은 시정하지 않으면 안 된다.' 고 하였다 하니, 이는 대간의 의사를 저상(沮喪, 기력이 꺾이어 기운을 잃음)시키는 것입니다. 이 때문에 조순이 극단적으로 '그 고기를 씹어 먹고 싶다.' 한 것입니다."

승지 송질과 이승건이 아뢰었다.

"이는 대간의 말 같지 않으므로 답하지 않는다."

연산군은 이에 그치지 않고 승정원에 명을 내렸다.

"조순이 전일에 아뢴 것이 너무 옳지 못하니, 추국하도록 하라."

"조순을 불러들여 발언이 지나쳤다고 꾸짖는 것은 오히려 가하지만, 추국하는 것은 어떨는지 모르겠습니다."

승정원에서 연산군의 명을 복종하지 않고 아뢰었다.

"승정원에서 대간을 어려워하는구나."

연산군이 승정원을 비웃었다.

"이는 성덕盛德에 누累가 되는 일이므로 감히 아뢴 것입니다. 어찌 대간을 두려워하겠습니까?"

"이것은 다시 아뢸 만한 일이 아니다. 사신이 단지 그 마음에 있는 것을 말했을 뿐이요, 사직에 관계되는 것이 아닌데, 감히 그 살을 씹어서 먹고 싶다 말하면 되겠느냐. 승정원이나 홍문관이 비록 대간을 비호하려 하지만, 죄 없는 대신을 비방하는 자를 국문하지 않을 수 있겠느냐. 뒤에는 다시 말하지 말라."

연산군이 단호하게 영을 내렸다.

단풍잎 서리에 취해 요란히도 곱고
국화는 이슬 젖어 향기가 난만하네.
조화의 말없는 공 알고 싶으면
가을 산 경치 구경하면 되리
楓葉醉霜濃亂艶
菊花含露爛繁香
欲知造化功成黙

須上秋山賞景光

연산군이 승정원에 어제시를 내렸다. 대간을 국문하라는 영을 내리면서 평정심을 잃지 않았다. 시를 보면 알 수 있듯이, 아직은 그에게서 광기가 표출되지 않고 있었다. 연산군이 조순을 국문하라는 영을 내리자 삼사가 발칵 뒤집혔다.

"지금 듣자오니 조순을 국문하라 명하셨다 하온데, 대간이 말을 비록 과하게 했다 할지라도 진실로 관용을 베푸셔야 하옵니다. 청컨대 국문하지 마소서. 사신思愼이 대간을 저지한 것은 비단 오늘뿐이 아니라, 지난번 계啓에도 '대간의 말이라 해서 일일이 다 들어 줄 수는 없는 것입니다.' 하였고, 또 대간이 구금을 당하자 말하기를 '이는 영주(英主, 슬기로운 임금)의 위단(威斷, 위엄 있는 결단)이라.' 했으며, 또 말하기를 '고자질하는 것으로써 곧음을 삼으니 이 풍속이 시정되지 않으면 안 됩니다.' 하였으니, 이는 모두가 나라를 망칠 말입니다. 어찌 사직에 관계되지 않겠습니까. 조순의 말이 너무 심한 것이 아닙니다. 옛날에 주운朱雲은 대간이 아니었으나 오히려 상방 참마검尙方斬馬劍을 청해서 '간신 장우의 머리를 베고 싶다.' 하였습니다. 그러나 당시에 죄를 가하지 않았을 뿐 아니라 명하여 난간을 수리하지 못하게 하고, 직신直臣으로 정표(旌表, 착한 행실을 세상에 널리 드러내어 알림)하셨습니다. 지금 조순의 말이 매우 적절하오니, 마땅히 속히 받아들여야 합니다. 그리고 추국하는 것은 부당합니다."

홍문관 전한 이수공 등이 아뢰었다.

"노사신이 다만 그 정상을 말했을 따름인데, 조순은 그 살을 씹어서 먹고 싶다 말했으니 대신을 경멸한 것이다. 이런 자가 임금이 위에 있다고 말하겠느냐. 이 일은 아래 있는 자로서 함부로 아뢸 것이 아니니, 이 뒤에는 다시 말하지 말라."

"사신이 대간을 저해하고 억압하였으니, 그 죄가 장우보다 더 합니다. 그래서 조순이 몹시 미워하여 아뢴 것입니다. 무슨 다른 뜻이 있겠습니까. 직언을 관용하시는 것이 임금의 미덕이옵니다."

"너희들이 다투어 와서 조순을 구원하는구나! 만약 임금이 일이 있을 때 모두 이같이 구원하겠느냐."

연산군이 홍문관의 관리들을 비웃었다.

"지금 듣자오니 조순을 국문하라 하오니, 청컨대 함께 추핵(推劾, 탄핵을 추진함)을 받도록 하여 주소서."

사간 홍식, 헌납 손중돈이 아뢰었다. 그들은 조순과 함께 벌을 받겠다고 자청했다.

"언사言事를 두고 하는 것이 아니라 그 말이 너무 심하기 때문이다."

연산군은 약간 물러서는 시늉을 했다.

"신 등이 조순을 국문하지 말라고 청한 것은, 조순을 위해서가 아니라 국가를 위한 것입니다. 조순이 충분忠憤에 격동되어 말이 잘못되었다 하더라도 어찌 추국하겠습니까?"

대사헌 이집, 사간 홍식이 아뢰었다.

"조순을 당초에 추국하라 명하신 것부터 이미 불가하온데, 지금 또 하옥하시는 것은 대간을 설치한 뜻이 아닙니다. 전일 노사신이 좌의정을 물러날 적에, 전하께서 이미 그른 점을 아셨습니다. 지금 또 이러하니, 조순이 '그 살을 씹어 먹고 싶다.'는 말이 어찌 그릅니까. 옛 사람이 이르되, '지금도 이임보의 살을 씹어 먹고 싶다.' 하였습니다. 조순의 말도 이와 비슷합니다. 청컨대 국문하지 마소서."

삼사에서 아뢰었다.

"조순이 사신에게 무슨 사적인 원한이 있겠으며, 신 등이 또한 조순에게 무슨 사적인 은혜가 있으리까. 예부터 대신이 나랏일을 그르친 것은 많으나, 대간이 나라를 그르친 적은 없었으니, 사신은 참으로 나라를 그르치는 대신입니다. 그런데 조순의 '그 살을 씹어서 먹고 싶다.'는 말이 어찌하여 불가합니까.《서경》에 이르기를, '네 나라를 욕되게 함이 없지 않다.' 하였으니, 임금과 더불어 말할 적에도 오히려 이러했는데, 하물며 사신에게 그 정도 말도 못하겠나이까."

승정원에서도 아뢰었다.

"아무리 대간이라 해도 어찌 '대신의 살을 씹어 먹고 싶다.'는 말을 하느냐. 추국한 후에 마땅히 처리하겠다."

연산군은 더 이상 물러서지 않았다. 삼사가 벌떼처럼 들고 일어나도 그는 꿈쩍도 하지 않았다.

'임금의 명을 거역하는 놈들을 용납하지 않겠다.'

연산군은 마음속으로 대간들을 별렀다.

"사신을 미워하는 마음은 신 등도 조순과 어찌 다르겠습니까. 그래서 아울러 신 등까지 국문할 것을 청한 것인데, 하교하기를, '너희들은 그르지 않다.' 하셨으니, 조순이 그르다면 신 등도 반드시 옳지 않고, 신 등이 옳다면 어찌 조순만이 그르겠습니까. 또 이조의 관리는 전부 석방해서는 안 되옵니다."

연산군은 조순을 파직했다.

"조순이 비록 실언을 했지만 격절(激切, 격렬하고 직설적임)에 불과하오니, 청컨대 관용을 베풀어 주소서."

승정원에서 아뢰었다.

"복직을 시킨다 해도 그가 어찌 직위에 나가겠느냐. 죄주고 죄주지 않는 것은 위에서 할 일이니, 아랫사람이 감히 말할 바 아니다."

"조순이 이미 파직을 당했으니 신 등도 직위에 있는 것이 불가합니다. 청컨대 피혐하겠습니다."

사림에서 일제히 들고 일어났다.

무오사화의 피바람

연산군이 사림파를 노리고 있을 때 조의제문 사건이 터졌다. 성종이 죽었기 때문에 실록을 편찬하기 위해 사초를 살피던 이극돈은 깜짝 놀랐다.

"이극돈과 성준이 서로 사이가 좋지 않아 장차 우승유와 이덕유처럼 당을 만들 것이다."

김일손이 헌납(獻納, 사간원의 정5품 벼슬)으로 있으면서 작성한 사초였다. 이극돈은 김일손의 사초가 자신의 비행을 낱낱이 기록한 것을 보고 분개했다. 그는 김일손이 기록해 놓은 사초를 모두 살폈다.

'이놈이 세조 때의 일까지 기록하고 있구나.'

이극돈은 전라도 관찰사로 있을 때 성종의 국상이 났으나 한양을 향해 향을 바치지도 않고 기생을 말에 태우고 다닌 일이 있었다. 김일손이 그 사실과 이극돈이 뇌물을 받은 일을 사초에 기록해 놓았던 것이다.

'이 일이 실록에 오르면 후손들까지 치욕을 겪게 된다.'

이극돈은 김일손을 만나 사초를 삭제해 달라고 청했다.

"사초는 임금도 고치지 않는 것인데 대신이 어찌 이런 말을 하는 것입니까?"

김일손이 눈을 부릅뜨고 소리를 질렀다.

김일손은 당대 유림의 종사라고 불리는 김종직의 제자였다. 김종직에게는 김일손, 정여창, 김굉필 같은 뛰어난 제자들이 있었다.

"김일손이 선왕(先王, 세조)의 일을 거짓으로 꾸미고 헐뜯었으니 신하로서 이 같은 일을 보고서 임금께 알리지 않는 것이 옳겠습니까? 나의 생각에는 사초를 봉하여 위에 아뢰어서 처분을 기다리면 우리들은 후환이 없을 것입니다."

이극돈은 김일손에게 앙심을 품고 실록의 총재관인 어세겸에게 말했다. 어세겸은 깜짝 놀랐으나 대답을 하지 않았다. 그는 실록의 사초를 삭제하는 일이 마음에 들지 않았다. 어세겸이 별 다른 반응을 보이지 않자 이극돈은 초조해졌다.

'이 일을 어떻게 하지?'

이극돈은 깊은 고민에 빠졌다. 자신의 부도덕한 일을 후세까지 남기고 싶지 않았다.

'어세겸이 말을 듣지 않으니 유자광을 구슬려야 하겠다.'

이극돈은 유자광에게 달려갔다.

"대감께서 미천한 자의 집에 무슨 일입니까?"

유자광은 공신이었으나 서자였기 때문에 한가하게 지내고 있었다.

"내 일을 도와주면 그대의 일을 도와주겠소."

"나는 출신이 미천한데 무엇을 도와주겠다는 말입니까?"

"조정에 나올 수 있도록 힘을 써주겠소."

유자광은 이극돈의 제안에 흔들릴 수밖에 없었다.

"김일손을 내치려면 사초를 보아야 합니다."

"사초를 가지고 나올 수는 없소."

"그렇다면 실록청에서 보면 되지요."

이극돈은 유자광을 데리고 실록청으로 들어갔다. 유자광은 김일손이 작성한 사초를 읽다가 '충분(忠憤, 충의로 말미암아 일어나는 분한 마음)이 있다.'라고 기록한 말에 시선을 고정시켰다.

'이게 무슨 뜻이지?'

유자광은 김일손의 사초를 계속 읽어 나가다가 김종직이 썼다는 조의제문에 이르렀다.

'이것이구나.'

유자광은 무릎을 탁 쳤다. 김종직의 조의제문을 연산군의 할아버지 세조를 비난한 것으로 만들 수 있었다. 유자광은 김종직의 글을 확대해석할 정도로 뛰어난 재능을 갖고 있었다. 그는 사초를 보고 자신이 나설 때가 되었다고 생각했다.

"김종직의 조의제문은 대역죄입니다."

유자광이 이극돈에게 말했다.

"이 일을 어떻게 합니까? 사초의 일인데 전하께 고할 수 없지 않습니까?"

"이것이 어찌 의심하고 주저할 일입니까."

유자광은 노사신, 윤필상, 한치형을 찾아가 김일손의 사초 이야기를 했다. 유자광으로부터 대역죄라는 말을 들은 그들은 즉시 대궐로 들어가 도승지 신수근을 불러내어 연산군에게 고했다.

"조정은 문신들의 수중에 있는 물건이니 우리들은 무엇을 하겠는가?"

신수근은 사림파에 불만이 많았던 참이었다. 신수근은 연산군의 왕비인 신씨의 오라버니였다.

"명예를 구하고 임금을 능멸하여 나를 자유스럽지 못하게 한 자는 모두 이 무리들이다."

연산군도 사림파에 불만을 갖고 있던 참이었기에 신수근의 고변은 불씨에 기름을 붓는 격이었다.

경을 대하매 마음이 도움을 바라니

나라를 다스리되 태평에 뜻 두오

취한 김에 말을 많이 함은

충성스런 신하 얻고 싶어서네

對卿心欲輔,

治國意留平。

感醉言多放,

深思得忠誠

연산군은 의금부 경력 홍사호, 도사 신극성에게 명을 내려 곧 함양에 가서 김일손을 잡아오게 했다. 김일손은 풍병風病으로 집에 누워 있다가 잡혀 왔다. 연산군은 수문당에 국청을 설치했다. 노사신, 윤필상, 한치형, 유자광, 신수근과 주서 이희순이 국문에 참여했다. 무오사화의 피바람이 불기 시작한 것이다.

"사초에 어찌하여 선왕조(先王朝, 세조조)의 일을 거짓으로 꾸며 썼느냐?"

"사기에 '이보다 먼저先是'란 말도 있고, '처음에 이르되初云'란 말도 있으므로 세조 때의 일을 추기追記에서 기록했으며, 덕종德宗의 귀인貴人 권씨의 일은 귀인의 조카 되는 허반에게 들었습니다."

김일손이 진술했다.

"김일손이 오는 도중에 무슨 말을 하더냐?"

연산군이 홍사호와 신극성에게 물었다.

"일손이 '이것은 반드시 이극돈이 사초를 고발한 것이다. 극돈의 일을 내가 사초에 썼더니 극돈이 깎아 버리기를 청했으나 내가 듣지 않았으므로 원한을 품은 것이라.' 하였습니다."

신극성이 긴장한 목소리로 대답했다. 연산군은 신극성의 말에 눈꼬리가 길게 찢어졌다.

"김일손을 철저하게 조사하라."

연산군이 추관들에게 지시했다. 추관들은 사초의 일로 학문이 높은 김일손을 추국하고 싶지 않았다. 그러자 유자광이 소매 속에서 책한 권을 꺼내 놓았다. 김종직의 문집이었다. 유자광은 그 중에서 조의제문과 술주시述酒詩를 들추어내어 여러 추관에게 두루 보였다.

"이것은 모두 세조를 가리켜 지은 것인데 김일손의 악한 행실은 모두 김종직이 가르쳐서 그렇게 된 것입니다."

유자광은 자신이 해석한 글을 연산군에게 보여주었다. 그는 유림의 거목인 김종직을 지목한 것이다. 연산군은 김종직이 쓴 조의제문을 보고 전신을 부들부들 떨었다.

"김종직이 우리 세조를 비방하고 헐뜯었으니 마땅히 대역부도로써 논죄하고, 그가 지은 글은 세상에 전파해서는 안 되니 아울러 모두 불살라 없애야 될 것입니다."

유자광이 아뢰었다. 유자광의 말에 대신들은 숨이 막히는 것 같았다. 대신들조차 김종직에게는 한 수 접고 있는 처지였다. 김종직에게는 수많은 제자들이 있어서 그의 학문을 인정하고 있었다. 그렇다면 김종직의 조의제문은 어떠한 것일까.

"김종직은 초야의 천한 선비로서 세조조에 과거에 오르고 성종께서 경연에 뽑아 두어 오랫동안 시종의 지위에 있어 벼슬이 형조 판서에까지 이르렀으니 임금의 총애와 은혜가 조정에서 으뜸이었다. 그가 병들어 벼슬에서 물러나니 성종은 오히려 그가 있는 고을 수령을 시켜 특별히 쌀과 곡식을 내려 주어 그 여생을 마치게 하였다. 지금 그 제자 김일손이 편수한 사초 속에 부도한 말로 선왕조의 사실을 거짓으로 기록하고 또 그 스승 김종직의 조의제문弔義帝文을 기재하였는데 그 글 내용은 이러하다."

연산군이 교지를 내려 조의제문을 설명했다. 연산군의 교지에 나타난 조의제문은 다음과 같다.

정축 10월 어느 날에 나는 밀양으로부터 경산효으로 향하여 답계 역踏溪驛에서 자는데, 꿈에 신神이 칠장七章의 의복을 입고 헌칠한 모양으로 와서 스스로 말하기를 「나는 초楚나라 회왕懷王 손심孫心인데, 항우에게 살해 되어 빈강郴江에 잠겼다.」하고 문득 보이지 아니하였다. 나는 꿈을 깨어 놀라며 생각하기를 「회왕은 남초南楚 사람이요, 나는 동이東夷 사람으로 지역의 거리가 만여 리가 될 뿐이 아니며, 세대의 선후도 역시 천 년이 훨씬 넘는데, 꿈속에 와서 감응하니, 이것이 무슨 까닭일까? 또 역사를 상고해 보아도 강에 잠겼다는 말은 없으니, 정녕 항우가 사람을 시켜서 비밀리에 쳐 죽이고 그 시체를 물에 던진 것일까? 이는 알 수 없는 일이다 하고, 드디어 글을 지어 조문한다.

하늘이 법칙을 마련하여 사람에게 주었으니, 어느 누가 오륜을 높일 줄 모르리오. 중화라서 풍부하고 이적이라서 인색한 바 아니거늘, 어찌 옛적에만 있고 지금은 없을 손가. 그러기에 나는 이인夷人이요 또 천 년을 뒤졌건만, 삼가 초 회왕을 조문하노라. 옛날 진 시황이 아각牙角을 농弄하니, 사해의 물결이 붉어 피가 되었네. 비록 전유鱣鮪, 추애鰌鯢라도 어찌 보전할 손가. 그물을 벗어나기에 급급했느니, 당시 육국六國의 후손들은 숨고 도망가서 겨우 편맹編氓가 짝이 되었다오. 항양은 남쪽 나라 장수의 후예로, 어호魚狐를 종달서서 일을 일으켰네. 왕위를 얻되 백성의 소망에 따름이여! 끊어졌던 초나라의 제사를 보존하였네. 건부乾符를 쥐고 남면南面을 함이여! 천하엔 진실로 미씨羋氏보다 큰 것이 없도다. 장자長者를 보내어 관중關中에 들어가게 함이여! 족히 그 인의仁義를 보겠도다. 빈의 산은 우뚝하여 하늘을 솟음이야! 그림자가 해를 가리어 저녁에 가깝고. 빈의 물은 밤낮으로 흐름이여! 물결이 넘실거려 돌아올 줄 모르도다. 천지도 장구長久한들 한이 어찌 다하리. 왕이 문득 꿈속에 임하였네. 술잔을 들어 땅에 부음이어! 바라건대 영령은 와서 흠향하소서.

김종직이 쓴 조의제문이다.

김일손은 사초를 쓰면서 조의제문을 충분에 의한 것이라고 칭송했다. 김종직의 조의제문은 해석이 분분하다. 조의제문은 항우의 포학한 행위를 비난하여 지은 제문에 지나지 않는다. 그런데 김일손이 충분이 있다고 기록하고, 유자광이 이를 세조와 연관시키면서 피바람이 붉게 된 것이다.

"지금 종직의 조의제문을 보니, 입으로만 읽지 못할 뿐 아니라 눈으로 차마 볼 수 없사옵니다. 종직이 세조조에 벼슬을 오래하자, 스스로 재주가 한 세상에 뛰어났는데 세조에게 받아들임을 보지 못한다 하여, 마침내 울분과 원망의 뜻을 품고 말을 글에다 의탁하여 성덕聖德을 비난했습니다. 마땅히 대역의 죄로 논단하고 부관참시해서 그 죄를 벌하여 신민의 분을 씻는 것이 실로 사체에 합당하옵니다."

대신들이 일제히 아뢰었다. 대신들 중에는 김종직이 이미 죽었으니 벼슬만 삭탈하자고 말하는 자들도 있었다. 그러자 연산군이 한 무리라고 비난하고 나장들을 시켜 그 자리에서 잡아다가 곤장 30대를 때렸다.

'임금이 자비라고는 없구나.'

대신들은 연산군의 행위에 몸을 떨었다.

"이 사람들의 죄악은 무릇 신하된 우리로서는 한 하늘 밑에서 함께 살 수 없는 원수이니 마땅히 그 무리들을 찾아내어 모두 죽여 없애야만 조정이 맑고 깨끗해질 것이요, 그렇게 하지 않는다면 나머지 무리들이 일어나 얼마 안 가서 다시 화란禍亂이 생길 것입니다."

유자광이 연산군에게 아부하는 말을 했다.

"그대는 어찌 이런 말까지 하시오. 옛날 당고黨錮의 일을 듣지 못했습니까. 금고禁錮의 법망法網이 날로 혹독하여 선비의 무리들을 용납하지 못하게 하였으므로 한漢 나라도 뒤따라 망했으니 청류淸流의 의논이 마땅히 조정에 있어야 될 것이요, 청류의 의논이 없어지는 것은 나라의 복이 아닌데 무령군은 어찌 틀린 말을 하시오."

노사신이 엄중하게 말했다. 그러나 유자광은 노사신의 말을 외면했다.

"대역죄를 지은 자들을 모조리 잡아들이라."

연산군이 추상같은 영을 내렸다. 김일손을 벌주려고 했던 이극돈의 계획은 수많은 선비들을 죽음으로 몰아넣는 무오사화로 발전했다. 한양에는 무시무시한 검거선풍이 불어 닥쳤다. 수많은 선비들이 끌려와 가혹한 고문을 당했다.

김종직의 제자들인 정여창, 김굉필, 김일손 등이 날벼락을 맞고 학문을 하던 선비들이 줄줄이 체포되어 가혹한 고문을 당했다.

"간사한 신하 김종직은 나쁜 마음을 품고 몰래 그 무리들을 모아 음흉한 계획을 시행하려고 한 지가 오래 되었다. 항적(項籍, 항우)이 의제義帝를 죽인 일에 비유하여 선왕(세조)을 나무라고 헐뜯었다. 하늘에 닿을 정도로 악독한 죄를 지었으니 결단코 용서할 수 없다. 대역죄로 논단하여 관을 쪼개어 송장의 목을 베게 하노라."

연산군은 유림의 종사인 김종직을 부관참시하라는 명을 내렸다.

"김종직의 무리 김일손, 권오복, 권경유는 간악한 덩어리로 뭉쳐서 서로 호응하고 도와 그 글(조의제문)을 칭찬하기를 충분에서 나왔다고 사초에 기록하여 영원히 뒷세상에 전하고자 했으니 그 죄가 김종직과 같다. 아울러 능지처참하도록 한다. 김일손은 또 이목, 허반, 강겸 등과 더불어 선왕의 일을 거짓으로 꾸며서 서로 전하여 말하고 사초에 썼으니 이목과 허반도 목을 베어 죽이는 형벌에 처하라."

김일손은 능지처참, 이목 등은 군문에서 참수하라는 명이 내려졌다.

"강겸은 곤장 백 대를 치고 가산을 적몰하여 먼 변방에 보내어 관노를 만들게 한다. 표연말, 홍한, 정여창, 무풍부정茂豊副正 총 등은 난언죄亂言罪를 범했고, 강경서, 이수공, 정희량, 정승조 등은 난언을 알고도 고하지 아니하였으니 아울러 곤장 백 대를 치고 3천 리 밖으로 귀양 보낸다. 이종준, 최부, 이원, 이주, 김굉필, 박한주, 임희재, 강백진, 이계맹, 강혼은 모두 김종직의 제자로서 붕당을 만들어 서로 칭찬하고 혹은 나라의 정치를 비방하여 세상의 일을 비평했으니, 임희재는 곤장 백 대를 치고 3천 리 밖으로 귀양 보내고, 이주는 곤장 백 대를 쳐서 먼 변방에 부처시키고, 그 나머지 사람은 모두 곤장 80대를 쳐서 먼 지방에 부처시키되 귀양 간 사람들은 모두 봉수烽燧 · 노간爐干의 역을 맡게 한다. 성중엄은 곤장 80대를 쳐서 부처시키고, 이의무는 곤장 80대를 쳐서 도년(徒年, 강제노역)에 처한다. 역사를 편수하는 관원으로서 김일손의 사초를 보고도 즉시 아뢰지 않은 어세겸, 이극돈, 유순, 윤효손, 김전 등은 관직을 파면시키고, 홍귀달, 조익정, 허침, 안침 등은 좌천시킨다. 신하가 무장(無將, 임금을 무시하는 마음)을 품음한 죄를 처단하였으니, 우레 소리 섞인 비가 내림으로써 마땅히 정국이 혁신되는 은혜를 입게 될 것이라."

연산군이 숨도 쉬지 않고 살벌한 명을 내렸다. 대신들은 사림파와 등을 지고 있었기 때문에 연산군의 가혹한 명을 반대하지 않았다.

무오사화는 김종직의 제자들과 사림파에 막대한 타격을 가했다.

김일손 등 6명이 참수형을 당하고 유배 31명, 파직이 수십 명에 이르렀다.

　무오사화는 비교적 평화로웠던 성종시대를 지나온 사림파에게 큰 충격이었다. 사형을 당한 자는 김일손을 비롯하여 6명밖에 되지 않았으나 연산군은 추국하는 과정이나 직언을 올리는 과정에서 그들을 완전히 무시했다. 사림파가 몰락의 길을 걷는 것을 본 선비들은 학문할 의지를 잃었다.

조의제문과 연산군

장녹수의 치맛자락을 밟은 죄

부인의 음행

제6장

시를 쓰는 폭군

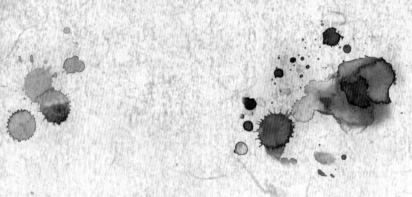

왕이 후원에서 나인들을 거느리고
종일 희롱하고 놀며 노래하고 춤추었는데,
이날은 곧 폐비 윤씨의 기일이었다.
왕은 또 발가벗고 교합하기를 즐겨
비록 많은 사람이 있는 데서도 피하지 않았다.

　　연산군은 무오사화를 일으킨 뒤에 음탕하고 포학해졌다. 일각에서는 연산군이 정치를 잘 한 점도 있다고 주장한다. 그러면서 중종반정은 정권찬탈이라고 비판을 한다. 그러나 그것은 잘못된 관점이다. 군주는 당연히 언제나 선정을 베풀어야 한다. 수많은 악행과 음탕한 일이 실록에 기록되어 있는데 이를 승자의 기록이라고 하여 폄하하는 것은 역사를 잘못 읽는 것이다.

　　사림파는 연산군에 의해 철퇴를 맞았다. 사림파가 철퇴를 맞은 배경에는 필요 이상으로 권한을 누렸기 때문이다. 사림은 큰 잘못이 없는 노사신의 살을 씹어 먹고 싶다고 거칠게 비난했다. 이는 지나치게 오만한 행위로 연산군은 노사신을 비난하는 것을 자신을 비난하는 것이라고 생각했다. 연산군은 사림파가 벌떼처럼 들고 일어났으나 물러서지 않다가 마침내 무오사화를 일으켜 그들에게 철퇴를 휘둘렀다.

연산군은 훈구대신들의 도움을 받아 사림파를 대대적으로 숙청했고, 이어 훈구대신들까지 몰아냈다.

'임금이 절대 왕권을 갖게 되었다.'

훈구대신들은 그때서야 후회했다.

김종직은 영남 유림을 대표하는 인물로 세조와 성종 때 높은 벼슬을 지냈다. 그러한 그가 세조의 보위 찬탈을 비난한 조의제문을 지었다는 것은 어불성설이다. 김일손이 '충분이 있다'고 사초에 기록한 것역시 스승을 높이기 위한 것에 지나지 않았다. 그러나 결과적으로는 김일손의 잘못된 관점이 무오사화의 피바람을 불러온 것이다.

김종직의 조의제문은 초회왕의 억울한 죽음을 애도한 것이지 단종과 결부시킨 것은 아니었다. 그러나 유자광은 김일손의 숨은 의도를 파악했고 단종의 보위를 찬탈했다고 연산군에게 고한 것이다. 연산군은 자신을 반대하는 사림파를 제거하기 위해 유자광의 주장을 적극적으로 받아들인 것이다.

장녹수의 치맛자락을 밟은 죄

장녹수가 실록에 처음으로 등장하는 것은 연산군 8년이다. 장녹수는 이때 연산군과의 사이에서 딸을 하나 낳았는데 이름이 영수였다.

"장한필은 어느 때의 선비인가?"

연산군이 승정원에 물었다. 장한필은 장녹수의 아버지였다.

"장한필은 문과 출신으로서 신이 경차관으로 충청도에 갔을 때 문의 현령이었습니다."

승지 이자건이 아뢰었다.

"장한필의 내력을 상고해서 아뢰라."

이자건이 자료를 조사해서 아뢰었는데 장녹수는 장한필의 서녀였다. 앞서 언급한 바와 같이 연산군은 장녹수가 욕을 해도 웃으면서 받아주었다. 장녹수가 어떤 여인이었기에 이와 같이 총애를 받을 수 있었을까. 장녹수에 대한 총애는 실록에 자세하게 나와 있다.

운평 옥지화가 대궐에서 장녹수의 치마를 밟은 일이 있었다.

"운평 옥지화가 숙용의 치마를 밟았으니, 이는 만상 불경慢上不敬에 해당하므로 무거운 벌을 주고자 하니, 승지 강혼은 밀위청密威廳에 데려가 형신(刑訊, 죄인의 정강이를 때리며 신문하는 형벌)하라. 또 이 뜻으로써 의정부, 육조, 한성부, 대간에게 수의하라."

연산군이 영을 내렸다. 대신들은 연산군의 명이 내리자 당황했다. 후궁의 치마를 밟았다고 그 죄에 대해서 논하라는 것은 전례가 없는 일이었다. 대궐의 궁녀들에게 일어난 사건은 내명부에서 다스리는 것이 관례로 조정에서는 관여하지 않았다.

"대체 임금이 어찌하여 이런 명을 내린 것입니까?"

"치마를 밟은 죄라면 곤장 몇 대를 때리면 그만이 아닙니까?"

"전하의 복심은 그게 아닙니다. 장녹수의 치마를 밟은 것은 자신을 능멸한 것이라고 생각하는 것입니다."

"그럼 어찌해야 합니까?"

"참斬하라는 말씀을 올려야지요."

"치마를 밟았다고 목을 베라는 말씀입니까?"

"전하의 뜻입니다."

영의정 유순, 좌의정 박숭질, 좌찬성 김감, 우찬성 김수동, 좌참찬 신준, 호조 판서 이계남, 공조 판서 한사문, 한성부 판윤 민효증, 대사헌 반우형 등 쟁쟁한 대신들이 논의하여 아뢰었다.

"옥지화의 죄는 지극히 오만하니, 위의 분부가 지당합니다. 명하여 참하소서."

그들은 연산군의 뜻을 헤아려 가련한 여인을 죽여야 한다고 아뢰었다.

"옛말에, '그릇 때문에 쥐에게 돌을 못 던진다.'고 하였으니, 천하에 지극히 천한 것이 질그릇이나, 이것으로 요강을 만든다면 진실로 천하지만, 만약 어전에 쓸 물건을 만든다면 천하게 여길 수 없는 것이다. 숙용이나 숙원은 말할 것도 없고, 비록 취홍원聚紅院에 있는 자라 할지라도 운평運平 등이 감히 저와 다를 것이 없다고 생각하여 조금이라도 능멸함이 있다면 불경하기가 막심하니, 이런 사람이 있으면 마땅히 치죄하여야 한다."

연산군이 영을 내렸다.

"지당하신 하교입니다."

"옥지화를 오늘 군기시 앞에서 목 베어 그 머리를 취홍원과 뇌영원에 돌려 보이고, 연방원에 효시하라."

연산군이 영을 내렸다. 치마를 밟은 죄로 옥지화를 처형하자 대궐이 발칵 뒤집혔다. 대궐의 여인들은 옥지화의 머리를 보고 공포에 떨었다.

"옥지화의 죽음을 남형(濫刑, 법에 따르지 않고 함부로 형을 가함)이라고 이르지 않겠는가? 지금 흥청으로 후궁後庭을 채우니, 운평들이 저의 동배로 보고 능만陵慢하는 마음이 있다. 하늘이 사람을 낼 때에 처음부터 어찌 절로 귀한 자가 있으랴. 윗사람이 명위名位와 등급을 더해 준 후에 높고 낮은 것이 정해지는 것이다. 근자에 조계형은 겨우 각대角帶를 띤 미관으로서 특별히 당상을 제수받자 사람들이 모두 존경하는데, 그 사람을 공경하는 것이 아니라 주상의 명령을 공경하는 것이다. 그런데 옥지화가 숙용의 옷을 밟았으니, 비록 흥청의 옷이라도 옳지 못하거늘, 하물며 숙용일까 보냐."

연산군은 옥지화를 처형한 일을 합리화했다.

"죽어야 할 죄로 죽었는데 어찌 뒷말이 있겠습니까?"

승지들이 일제히 아뢰었다. 장녹수의 치마를 밟았다고 해서 옥지화를 죽인 것은 무슨 까닭인가? 연산군에게서 가장 이해할 수 없는 부분이다.

폭군들의 음탕함은 대신들의 부인을 음행하는 일로 나타난다. 고려의 충혜왕은 결혼을 앞둔 신부들을 잡아다가 음행하는 일이 잦았다. 연산군은 친척의 부인과 대신들의 부인을 음행하는 것을 좋아했다. 연산군이 하루는 장녹수를 시켜 잔치를 베풀었다.

"정희 왕후, 안순 왕후, 인수대비, 공혜 왕후, 제헌 왕후, 대비전, 중궁의 족친族親에게 오는 단오일에 내외청으로 나누어 공궤供饋하라.

시를 쓰는 폭군

옛말에 '구족 을 친근히 한다.' 하였으니, 이제 촌수는 멀지라도 동성 팔촌, 이성 육촌까지 모두 들어와 참여하게 하며, 외방에 있는 자도 올라오게 하라."

걸으로는 친척과 친근하게 지내기 위해 잔치를 베푼다고 했으나 실제로는 여자를 사냥하기 위한 것이었다. 대궐에서 부인들을 위한 화려한 잔치가 벌어지자 대신들이 모두 의아해 했다. 그러나 임금이 잔치를 베푼다는데 거절할 수가 없었다. 쟁쟁한 대신들의 부인들과 종친의 부인들이 꽃단장을 하고 대궐로 들어왔다. 한양은 부인들의 가마로 길이 메워졌다.

"웬 가마가 죄 대궐로 들어가는 거야?"

백성들은 의아하여 수군거렸다. 부인들을 위한 잔치는 밤에도 계속되었다. 대궐에는 밤이 되자 불이 대낮처럼 밝아지고 악사들이 연주하는 음악소리가 담을 넘어 민가까지 들려왔다. 대신들은 초대받지 못해 이제나 저제나 초조하게 부인들이 돌아오기를 기다렸다.

"모두들 즐겁게 잔치에 참여하라."

연산군은 연회장에 가득한 부인들을 향해 명을 내렸다. 화려하게 단장을 한 부인들은 마치 색색의 꽃이 피어난 것 같았다.

"성은이 망극하옵니다."

부인들이 일제히 대답했다.

"핫핫핫! 마시라! 취하라. 왕이 명하노니, 오늘 밤을 즐겁게 보내라."

연산군이 술에 취해 웃음을 터트렸다.

"저 부인은 누구냐?"

연산군이 장녹수에게 물었다.

"좌의정 박숭질 대감의 부인입니다."

"좌의정 부인? 저 부인을 대궐에 남게 하라."

연산군이 음침하게 박숭질의 부인을 살피면서 웃었다. 장녹수는 잔치가 끝나도 박숭질의 부인을 궐 밖으로 내보내지 않았다. 박숭질의 부인은 초조해 지기 시작했다. 밤이 되자 연산군이 방으로 들어왔다.

"전하, 어찌 이러하시옵니까?"

연산군이 달려들자 박씨 부인은 대경실색했다.

"내 너를 어여삐 여기노라."

"전하, 소인은 좌의정…."

"내가 좌의정을 죽여주랴?"

연산군의 말에 박숭질의 부인은 사색이 되었다. 그녀는 이튿날도 대궐에서 나갈 수 없었다.

박숭질은 처음에 강직한 인물로 평기를 받았다. 그러나 삼도 순찰사가 되었을 때부터 많은 뇌물을 받아 사람들이 그의 이름을 들으면 침을 뱉었다. 그는 부인이 대궐로 들어가 나오지 않자 정신이 번쩍 들었다.

"임금이 나를 죽이려고 할 것이다."

박숭질은 말에서 떨어져 병이 든 것처럼 하여 사직했다.

'놈을 죽이려고 했더니 말에서 떨어졌구나.'

연산군은 박숭질을 죽이려다가 그만 두었다.

윤순은 연산군 시대와 중종 시대에 높은 벼슬을 지냈다. 그의 가문은 정희왕후와 정현왕후를 배출한 파평 윤씨였다. 그는 집안의 후광에 힘입어 영의정을 지낸 구치관의 증손녀와 혼인했다. 윤순은 과거에도 급제하고 가문이 쟁쟁하여 연산군 때 승지 벼슬에 올랐다.

그의 부인 구씨는 윤순이 승지로 있을 때 대궐에 불려 들어가 연산군에게 간음을 당했다는 소문이 파다하게 나돌았다. 구씨는 그와 같은 사실을 윤순에게 말하지 않아 주위에서 수군거리는데도 윤순은 알지 못했다.

윤순은 연산군 말년에 운평을 잘못 다루었다고 국문을 당하고 파직되었다. 중종반정이 일어나자 연산군에게 핍박을 받은 윤순은 다시 벼슬에 올랐다. 그러나 중종이 그의 조카를 장경왕후로 맞이하면서 사정이 달라졌다. 삼사에서 일제히 들고 일어나 윤순의 처 구씨가 연산군과 간음했다고 탄핵한 것이다.

"중궁께서 이미 들어오셨으니 지금은 새 임금이 정사를 보는 초기에 해당하는 때라 무릇 대궐의 일은 모두 정당해야 합니다. 윤순의 처는 본래 음탕하고 아첨을 잘하는 여자로서, 연산군 때에 대궐에 출입하여 추문이 파다하였습니다. 이러한 부녀자는 보통 때라도 가까이해서는 안 되는 것인데 하물며 오늘날이겠습니까? 윤순의 처는 반열을 따라 들어와서 하례하지 못하도록 하소서."

사헌부에서 아뢰었다. 윤순은 경악했고 조정이 발칵 뒤집혔다. 중종은 부인 문제에 있어서는 불행한 임금이었다. 그는 연산군의 처남인 신수근의 딸을 부인으로 맞아들였으나 반정으로 임금이 되자 대신들이 일제히 내치라고 요구하여 눈물을 흘리면서 내보냈다. 그 첫 번째 부인이 단경왕후였다.

중종은 단경왕후를 대궐에서 내보낸 뒤에 파평 윤씨 윤여철의 딸을 왕비에 책봉했다. 그러자 대신들이 일제히 반대한 것이다.

"윤순의 처는 본래 들어와서 하례하는 부인들 가운데에 적혀 있지 않은 무리이다."

중종이 윤순의 처가 명단에 없다고 말했다.

"윤순의 처는 음란한 행실이 있을 뿐만 아니라 궁중을 탁란濁亂케 하는 재주가 있으니, 그를 끊어 버리지 않으면 장차 손을 써서 해가 되지나 않을까 두렵습니다. 뿐만 아니라 자기의 음특한 행실을 들춰낸 것에 양심을 품고 있으니, 반드시 불측한 화禍를 일으키게 될 것입니다. 그리고 윤순은 본래가 사특하고 탐비貪鄙한 사람으로서, 폐조 때에 술 잘 먹는 것으로 총애를 받고 자급資級이 마구 올라가서 몇 달 사이에 숭품崇品에까지 이르렀습니다. 그 처의 더러운 행실은 천하가 다 아는데도 함께 살면서 하는 짓이 이러하니 도성에 두어 둘 수 없습니다. 삿되고 더러운 부부를 내쫓으소서."

홍문관에서 다섯 번 아뢰었으나 중종은 듣지 않았다. 장경왕후를 맞아들이는 경사스러운 시기에 윤순의 처 문제로 대궐이 어수선하게 되었다.

"설사 이런 말이 있다 해도 대궐의 일은 명백히 알 수 없는 것입니다. 그 일이 실제로 있었다면 모르거니와 사실 여부를 모르는 것이라면 이런 죄를 주는 것이 어떨는지 모르겠습니다. 진실로 의심이 되는 것이라면 궁중의 출입만을 금하는 것이 옳을 것이요, 도성 밖으로 내치는 일은 안 될 것 같습니다."

정광필이 아뢰었다.

"윤순은 집안일에 참예하지 못하고 그 처가 주장을 합니다. 비록 외척이기는 하지만 본래 가까운 족속이 아니었는데, 왕비가 간택된 뒤에 따로 청탁할 꾀를 내어서 왕비를 보호하였으므로 사람들이 더욱 사특하게 여깁니다. 결국은 반드시 반연하고 아부하게 될 것이니 조정에 두어 둘 수 없습니다. 어저께 면대하기를 청한 것은 이 일이 지극히 중한 때문이었습니다. 이제 면대를 허락하신다면 상의 뜻이 쉽사리 알려지고 신하들의 뜻도 상달되기가 쉬울 것입니다. 전교 안에 평온하지 못한 말씀이 있으신데 신 등은 아마도 명을 전할 때에 잘못된 것이 있어서 그런 것이 아닌가 합니다."

홍문관 부제학 이자가 아뢰었다. 윤순은 장경왕후가 간택되자 자신의 집으로 모시고 와 국혼을 올릴 때까지 모시고 있었던 것이다.

"근자에 있었던 윤순에 관한 일은 시종과 대간이 부득이 먼 뒷일을 생각해서 한 일인데, 상께서 처음에는 유난(留難, 트집 잡다)하는 뜻을 가지시므로 사람들이 다 낙담하였으나 내쳐 버리게 되어서는 사람들이 다 쾌하게 여겼습니다. 국가에서 모후를 얻은 것은 조야가 서로 경축하나, 이 간사한 사람이 모후께 사촌 대부가 되므로 시종이 논계論啓하여 기어코 내치고서야 모후께서 안전하실 수 있었습니다. 이미 통절(痛絶, 극도로 미워하다)하였다 하여 소홀히 여기지 마소서. 그러면 조정이 절로 편안할 것이며 그 사람도 간술奸術을 부리지 못할 것이나, 간술을 부릴 수 있게 되면 그 해독은 이루 말할 수 없을 것입니다."

시강관 조광조가 아뢰었다. 윤순 부부에게는 청천벽력과도 같았다. 그러나 변명을 할 수도 없고 부인을 할 수도 없었다. 구씨는 치욕스러워 스스로 굶어 죽었고, 윤순은 분노를 참지 못하고 매일 같이 술을 마시다가 죽었다.

왕의 음탕이 날로 심하여, 매양 족친 및 선왕의 후궁을 모아 왕이 친히 잔을 들어서 마시게 하며, 마음에 드는 사람이 있으면 장녹수 및 괴는 궁인을 시켜 누구의 아내인지를 비밀히 알아보게 하여 외워 두었다가 궁중에 묵게 하여 밤에 강제로 간음하며 낮에도 그랬다. 혹 4, 5일이 지나도록 나가지 못한 사람으로서, 좌의정 박숭질의 아내, 남천군 이쟁의 아내, 봉사 변성의 아내, 총곡수의 아내, 참의 권인손의 아내, 승지 윤순의 아내, 생원 권필의 아내, 중추 홍백경의 아내 같은 이들이 다 추문이 있었다.

실록의 기록이다. 연산군의 음행으로 많은 양반가의 여인들이 정절을 훼손당했다.

장녹수와 전비 같은 여인들은 이 과정에서 부인들을 상납하는 역할을 했다. 연산군이 음행한 여인들을 살펴보면 대부분 중년 이상의 여인들이라는 것을 알 수 있다. 연산군의 독특한 여성 편력이라 하

시를 쓰는 폭군

겠다.

연산군이 음행을 하기 시작한 것은 언제부터였을까. 연산군의 음
행이 본격적으로 시작된 것은 장녹수를 만난 이후고 갑자사화 이후
더욱 방탕해졌다. 그러나 연산군 3년에 이미 어을우동에 관심을 보이
고 있었으므로 그 무렵부터라고 추정할 수 있다.

"사대부 가문 출신으로 어을우동이란 여자가 시詩를 지었다 하는
데 그러한가? 그 당시 추안(推案, 죄인을 신문한 문서)을 가지고 오라."

연산군이 승정원에 명을 내렸다.

"어을우동은 바로 박원창의 딸이온데, 음행죄로 사형에 처했으며
이른바 시는 간부 방산수가 지은 것입니다. 이러한 더러운 사실을 상
께서 보신다는 것은 부당하옵니다."

승지들은 깜짝 놀라 반대했고 연산군은 슬그머니 꼬리를 내렸다.

"들이지 말라."

"이 일은 민간의 질고(疾苦, 괴로움)나 농사에 관한 유가 아니오라
서연이나 경연에서는 아뢴 자가 없었을 것이온데 전하께서는 어디
서 들으셨습니까? 필시 상달한 자가 있을 것이오니 청컨대 들려주
옵소서."

승지들은 대궐에서 누군가가 어을우동에 대한 이야기를 연산군에
게 해준 것이라고 생각했다. 연산군에게 그런 이야기를 해준 사람을
죽이지 않으면 좋지 않을 것이다.

"나는 성종조 때에 이미 이 일을 알았는데 오늘 우연히 기억이 난
것이다. 나의 뜻한 바를 경 등이 반드시 그 연유를 알고자 하여 마치

추문하듯 하니 심히 불쾌하다."

연산군은 성종 때부터 이미 알고 있었다고 주장했다. 어을우동 사건이 터진 것은 연산군이 어릴 때의 일이었다. 그러므로 사건이 발생했을 때 들은 것이 아니라 그 후에 누군가 알려준 것이다. 연산군은 세자 시절에 이미 음행에 관심을 갖고 있었던 것이다.

"여염집의 추한 일을 만약 상달한 자가 있다면 당연히 공손치 못한 죄로써 다스려야 하옵니다."

승지들이 요구했으나 연산군은 대답하지 않았다.

부인의 음행

연산군은 많은 사대부 여인들과 음행했다. 말년에 이르면 그의 음행은 정신병자나 다를 바가 없게 된다.

왕이 후원에서 나인들을 거느리고 종일 희롱하고 놀며 노래하고 춤추었는데, 이날은 곧 폐비 윤씨의 기일이었다. 왕은 또 발가벗고 교합하기를 즐겨 비록 많은 사람이 있는 데서도 피하지 않았다.

실록의 기록이다. 이제는 후원에서 발가벗고 뒹굴기도 했다. 그것도 자신의 어머니 제삿날이었다. 그러나 연산군의 음행이 어떠했는지 더 자세한 기록은 없다. 이것만으로도 충분하지만 주지육림의 고

사성어를 만들어낸 걸왕의 예를 살펴보자.

중국 고대에 하왕조가 있었다. 하왕조의 걸왕은 폭군이어서 작은 나라인 유시국을 침략했다. 유시국의 대신들은 걸왕을 달래려고 미인 말희를 뽑아 어전으로 들여보냈다.

말희는 기껏 17, 8세밖에 안되어 보였으나 복숭아꽃처럼 아름다운 얼굴에 추수秋水처럼 서늘한 눈을 갖고 있었다. 터질 듯이 팽팽하게 솟아 오른 젖가슴과 버들가지처럼 가는 허리, 풍만한 둔부는 가히 뇌쇄적이었다.

말희가 홍의궁장으로 단장을 하고 유시국의 어전에 나타나자 왕과 신하들은 그 아름다움에 넋을 잃었다.

"그대의 이름이 무엇인고?"

왕이 떨리는 목소리로 물었다. 그는 왜 진즉에 말희와 같은 미인을 만나지 못했는지 후회가 될 지경이었다.

"소첩의 이름은 말희라고 하옵니다."

말희는 목소리도 옥구슬이 굴러가는 것처럼 낭랑했다.

"허면 지아비가 있느냐?"

"지아비가 있었으나 걸왕의 군사에 의해 죽었사옵니다."

말희가 눈물을 흘리며 말하자 유시국 왕과 신하들은 간장이 끊어지는 것 같았다. 미인의 눈물은 사내들을 감동시켰다.

"과인은 그대를 걸왕에게 공녀로 보내려고 하는데 나라를 위해 쾌히 가겠는가?"

유시국 왕은 말희를 공녀로 보낼 수밖에 없는 상황을 낱낱이 설명했다.

"걸왕이 소첩의 철천지원수이기는 하나 나라를 구하는 길인데 어찌 마다하겠사옵니까?"

말희는 고개를 떨어뜨리고 하염없이 울었다. 유시국의 왕과 대신들은 말희의 얼굴에 흐르는 눈물을 보고 슬픔을 주체할 수 없었다. 유시국 왕은 손수 말희의 눈물을 닦아준 뒤에 흰 양을 끌고 성 밖에 나와 걸왕에게 항복했다. 대신들도 모두 뒤를 따라 나와 걸왕에게 엎드려 절을 했다.

"신이 어리석어 천자의 위엄을 거역하고 대죄를 지었나이다. 천자께서는 신의 진상품을 받으시고 노여움을 거두소서."

유시국 왕이 양 1백 마리를 끌고 나와 구배九拜를 올리고 말희와 공물을 걸왕에게 바쳤다.

'아, 저토록 아름다운 여인이 있었던가?'

걸왕은 말희를 보자 벼락이라도 맞은 듯이 온 몸을 부르르 떨었다. 말희의 살결은 빙기옥골처럼 하얗고 눈은 깊고 맑았다. 오뚝한 콧날과 봉긋한 입언저리는 사나이들의 철석같은 심장이라도 녹일 정도로 아름다웠다.

"소국小國의 제후에 지나지 않는 너의 죄가 하늘에 이르렀으나 네가 잘못을 비니 죄를 사하겠다. 백성들과 함께 평안하라."

걸왕은 유시국의 왕을 용서하고 말희를 얻어서 의기양양하게 대궐로 돌아왔다. 말희를 얻은 것이 천하를 얻은 것보다 더 기뻤다. 걸왕은 그 날로 말희를 품에 안고 정교情交를 나누었다.

시를 쓰는 폭군

때는 황하마저 얼어버린다는 동짓달, 밖에는 한겨울의 삭풍이 매섭게 휘몰아치고 있었으나 걸왕의 침실은 뜨거운 열기에 휩싸여 있었다. 궁녀들에 의해 걸왕의 침실로 안내되어 들어온 말희는 눈 부시게 아름다웠다. 그날 이후 말희는 교태를 부려 걸왕을 치마폭에 휘어 감았다. 걸왕은 한시도 말희의 곁을 떠나지 않고 술과 가무에 빠져 지냈다. 매일 같이 어화원에서 말희와 함께 주연을 베풀고 정사를 돌보지 않으니 중신들이 모두 고개를 외로 꼬았다.

말희는 얼마 지나지 않아 마각을 드러내기 시작했다. 그는 지아비를 죽인 원수를 갚기 위해 걸왕을 혼군昏君으로 만들기로 했다.

"폐하, 대궐의 궁녀들은 한 결 같이 용모가 볼품없고 의복이 초라하옵니다. 전국에서 3천 명의 아름다운 소녀들을 뽑아 그들에게 비단 옷을 입힌 뒤에 춤을 추고 노래를 부르게 하소서."

말희가 교태를 섞어 눈웃음을 친 뒤에 앵두 같은 입술을 움직여 말했다. 미인의 말이었다. 누구라서 그 말을 거역할 것인가.

"미인의 말이 가히 옳도다. 짐의 궁궐에 있는 궁녀들은 하나같이 보잘 것이 없다. 전국에 왕명을 내려 어여쁜 소녀들을 뽑아 대궐로 보내도록 하라."

걸왕은 즉시 영을 내렸다.

"백성들이 거역을 하면 어찌하시겠사옵니까?"

"어찌하는 것이 좋겠느냐?"

"호호호. 거역하는 자는 가차 없이 죽이십시오!"

미인의 입에서 잔인한 말이 쏟아져 나왔다.

"좋다. 짐의 영을 거역하는 자는 목을 베어 죽여라!"

걸왕의 명은 즉시 시행되어 군사들이 백성들의 집을 돌아다니며 미소녀들을 뽑아가기 시작했다. 딸을 빼앗긴 백성들의 집집마다 곡성이 그치지 않았다. 말희는 대궐로 끌려온 미소녀들에게 춤과 노래를 가르쳤다.

"폐하, 미소녀들이 입을 옷을 비단으로 지어 바치게 하소서."

"오냐. 내가 어찌 미인의 말을 듣지 않을쏘냐?"

말희의 요구에 걸왕이 추상같은 명을 내렸다.

"듣거라! 백성들에게 비단으로 3천 벌의 무복舞服을 지어 바치게 하라."

집집마다 비단을 짜서 바치라는 왕명이 하달되었다. 기한 내에 비단 옷을 바치지 않으면 무자비하게 창으로 찔러 죽이고 목을 베어 백성들의 원성이 하늘을 찔렀다. 백성들은 포학한 걸왕의 통치를 피해 이웃 나라로 떠나기 시작했다.

도탄지고塗炭之苦라는 말이 있다. 석탄 진흙에 빠진 것 같은 고통이라는 뜻인데 당시 걸왕과 말희의 폭정으로 백성들이 고통을 당하는 것을 비유한 말이다.

말희는 걸왕과 함께 높은 대에 올라 3천 궁녀의 춤과 노래를 구경했다. 3천 명의 궁녀들이 춤을 추고 노래를 부르는 모습은 보기 드문 장관이었다. 형형색색의 비단 옷을 입은 미소녀들의 가무가 몇 달 동안 계속된다.

"호호호. 폐하, 참으로 아름답지 않사옵니까?"

말희가 요염하게 웃으며 걸왕에게 말했다.

"과연 너의 말대로 아름답기 그지없구나."

"그러하옵니다. 세외선경도 이렇게 아름답지는 않을 것이옵니다. 저들은 모두 선녀들이 아니옵니까? 폐하들은 선녀들과 함께 살고 있는 것이옵니다."

"핫핫핫! 이 모두가 너의 제안 때문이 아니냐? 너는 짐을 즐겁게 하는 특이한 재주를 가졌구나."

걸왕이 말희를 덥석 안아서 무릎 위에 앉혔다.

"폐하."

말희가 허리를 비틀며 애교를 떨었다. 누대 아래서는 3천명의 궁녀들이 한창 춤을 추고 있었으나 누대 위에서는 한바탕 음탕한 짓이 벌어졌다. 이내 궁녀들의 춤이 끝났다.

"궁녀들에게 술을 한 잔씩 따라주어 목을 축이게 하라."

걸왕은 만족하여 껄껄대고 웃었다. 궁노婢奴들이 쟁반에 술병을 받쳐 들고 3천 명의 궁녀들에게 일일이 술을 따라주었다. 그러다 보니 시간이 너무나 오래 지체되었다. 말희가 살며시 고운 아미를 접었다. 무엇인가 궁리할 때면 짓는 표정이다.

"폐하, 궁녀들에게 술을 따라주는데 시간이 이렇게 지체되니 연못을 만들어 술을 채우십시오. 배를 타고 다니면서 술을 마시고 연못가에 소금에 절인 고기나 불에 구운 고기를 매달아 놓으면 미녀들과 마음껏 즐길 수 있으니 이보다 좋은 일이 어디 있겠사옵니까?"

말희가 걸왕에게 제안했다. 말희의 말을 듣고 보니 걸왕은 그럴

듯했다.

"대궐에 연못을 파고 술을 채운다? 그리고는 나무에 고기를 매달아? 참으로 기발한 생각이 아니냐?"

"호호호, 그러하옵니다. 연못을 파서 술을 가득 채우소서."

"좋다, 너의 말대로 시행해보자."

걸왕은 즉시 어화원에 연못을 파라고 지시했다. 걸왕의 명이 떨어지자 수천명의 인부들이 동원되는 대역사가 벌어졌다. 인부들은 밤낮으로 일을 하여 마침내 거대한 연못을 만들었다. 바닥에는 자갈을 깔고 그 위에 고운 모래를 덮은 뒤에 술을 쏟아 부었다. 연못가에는 나무를 심고 소금에 절인 고기와 불에 구운 고기를 주렁주렁 매달았다.

마침내 주지육림이 완성된 것이다.

걸왕과 말희는 봉황새의 모양을 한 화방花舫을 연못에 띄워놓고 뱃놀이를 하며 술을 퍼서 마셨다. 3천 명의 궁녀들은 연못가에서 춤과 노래로 흥을 돋우었다. 걸왕이 북을 쳐서 궁녀들에게 술을 마시라고 지시하면 궁녀들이 일제히 허리를 숙여 연못의 술을 마셨고, 고기를 먹으라고 하면 연못가의 나무로 달려가 주렁주렁 매달린 고기를 뜯어 먹었다. 그야말로 가관可觀이 연출된 것이다

걸왕과 말희가 황음한 생활에 빠져 정사를 돌보지 않자 하나라는 많은 인력과 재물을 탕진하게 됐다. 연못의 술이 마르면 새로운 술을 쏟아 붓고, 고기가 떨어지면 새로운 고기를 매달았다. 주지육림을 유지하기 위해 술을 빚고 고기를 만들라는 왕명이 하루가 멀다 하고 백

성들에게 내려갔다. 하나라의 국력은 나날이 쇠퇴해져 갔다.

연산군의 음행은 걸왕과 비슷하다고 할 수 있다. 걸왕은 말희를 총애했고, 연산군은 장녹수를 총애했다.

연산군의 총애를 받은 여인들에게는 일정한 패턴이 있다. 여자들과 간음을 한 뒤에는 그 집에 상을 내리는 것이었다. 그러므로 까닭 없이 상을 내리면 연산군이 음행을 한 것이었다.

"남천군 이쟁에게 주었던 노비 문권은 장례원掌隷院으로 하여금 내수사에 주게 하라."

이쟁은 형제간에 노비 송사를 벌이다가 이기지 못할 것을 알자 연산군이 총애하는 장녹수에게 뇌물을 바친 것이다. 내수사는 장녹수가 관장하고 있었다.

"신의 집이 동대문 밖에 있는 것이 셋인데, 모두 금표 안에 들어 있으므로 바치겠습니다."

이쟁이 아뢰었다. 연산군은 남천군 이쟁의 집값으로 면포 1만 3천 5백 필을 주었다.

"죄인 이유녕의 집을 곽 숙의에게, 권주의 집을 남천군 이쟁에게 주라."

곽 숙의는 세자 시절에 후궁으로 들였던 곽 양원이었다.

사신은 논한다. 왕이 쟁崢의 아내 최씨崔氏와 통간通奸하고 따라서 쟁의 집을 후하게 대우하였다. 쟁은 본성이 영리하지 못하고 술사術士의 요망한 말을 몹시 믿어서, 집 동산에 모사茅舍 두어 칸을 짓고 늘 거처하면서 액막이를 하였으며, 최씨는 본성이 음탕하여 얼족孽族인 홍준洪俊과 통간하였으므로, 사람들이 쟁의 아들 문성정文城正 이상李湘이 실상은 홍에게서 낳은 것이다.'고 하였다.

이쟁은 세종의 증손자로 부유하게 살았다.

제7장

광기의 시대,
폭력의 시대

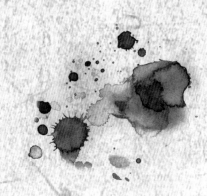

효孝와 의義를 다 가져야 선왕의 규범에 맞고

사邪에 끌려 교巧를 부리면 세상이 흠으로 친다

만약 오늘의 조의에 반대하는 자가 있다면

서릿발 같은 칼날 아래 죽음을 면치 못하리

연산군에게는 광기가 꿈틀거리고 있었다. 그는 역대 어느 임금보다도 단호했고 왕으로서도 위엄을 갖추고 있었다. 왕권과 신권이 공존하던 시기에 신권을 무위로 만들고 철저하게 왕권을 행사했다. 실록을 꼼꼼하게 읽다 보면 성종으로부터 사랑을 받지 못한 것을 여실하게 느낄 수 있다. 연산군은 생모가 없었기 때문에 정신적인 안정 속에서 성장할 수 없었다.

연산군의 부인 신씨는 어진 성품을 가졌으나 연산군의 광기를 제어할 수 없었다. 곽 양원은 곽 숙의가 되었으나 연산군에게 미치는 영향은 미미했다.

연산군을 보는 성종의 시각도 그다지 좋지 않았다. 그는 연산군에게 애정을 표현하지 않았고, 연산군을 세자 자리에서 폐위시키지도 못했다. 연산군을 마땅치 않아 하면서도 측은하여 세자 자리에서 폐위시키지 못한 것이다. 그는 어머니의 죄를 아들에게 씌우는 것은 가혹하다고 생각했다. 연산군 또한 세자 시절에는 결정적인 실수를 저지르지 않았다.

어머니가 그리운 것이 아니다

연산군은 쓸데없는 논쟁을 벌이는 사림파를 증오했다. 노사신의 고기를 씹어 먹고 싶다고 말할 정도로 사림파는 조정 훈구대신들을 경멸하고 있었다. 그런 사림파를 무오사화로 몰아냈으나 여전히 사림파가 조정에서 활동하고 있었다. 임금이 한 번 거절해도 그들은 한 달이고 두 달이고 논쟁을 멈추지 않고 연산군에게 강요했다.

홍백경이라는 인물이 있었다. 그는 연산군에게 고종사촌이 되는 인물이었다. 그는 성종 때 대궐에서 궁녀 생활을 하다가 그만 두고 궐 밖에 나와 살고 있는 복비라는 여인을 첩으로 삼았다.

"첨지중추부사 홍백경이 성종조의 시녀 복비를 간음 하였으니, 죄가 장 1백에 해당되고 고신(告身, 임명장)을 다 거둔 다음 먼 곳에 부처付處하여야 합니다."

사헌부에서 아뢰었다.

"홍백경은 나와 가까운 친족이니 속贖하게 하라."

연산군이 명을 내렸으나 삼사는 집요하게 물고 늘어졌다.

"홍백경이 비록 무반武班이긴 하나 급제 출신이니, 결코 도리에 어굿난 일은 하지 않았을 것이다. 그가 방출된 시녀를 간통했다는 것은 거짓말이다."

"신 등도 또한 홍백경이 비록 무반이긴 하지만 급제 출신인데, 어찌 '그 일을 범해서는 안 될 줄을 몰랐겠느냐.'고 생각합니다. 다만 사사로운 은혜를 믿고서 그렇게 했을 것입니다. 또한 그 일의 정상이 이미 명백하며, 또 첩 복비를 내쫓으라고 명했을 때 이를 완강하게 내쫓지 않았으니, 이는 임금을 업신여기고 법사法司를 깔보는 일입니다. 사사로운 정을 끊어 법을 바로잡기를 청합니다."

"너희들의 말이 어리석다. 복비를 비록 내쫓았지만, 어찌 홍백경의 집에 감추어 두었다고 답하겠는가."

"신 등이 어제 미시未時에 대궐에 나아가서 홍백경의 일을 아뢰었는데 해질 무렵에야 승전 내관이 내려왔고, 오늘 아침 또 대궐에 나아가서 결정된 것을 듣고자 하였으나 승전 내관이 오시午時가 되어서야 내려왔으니, 이는 반드시 홍백경이 지친(至親, 가까운 친족)이라 하여 아첨하려고 일부러 지체한 것이니, 추국해서 크게 징벌하기를 청합니다."

"승전 내관은 비록 그 아비의 일일지라도 결단코 사정을 용납할 수 없는 것이다. 대간의 말을 듣고 나에게 아뢸 때, 혹 내가 다른 곳에 심부름시킨 일이 있기 때문에 즉시 보고하지 못했던 것이니, 이것이 어찌 내관의 허물이겠는가. 대내의 일은 본디 바깥사람이 알 바가 아니거늘, 대간들이 대내의 일을 의심하는 마음을 두고 내관을 벌주기를 청하니, 이는 심히 옳지 못한 일이다. 이와 같은 말은 승정원에서도 마땅히 전계轉繫할 수 없는 것이다. 곽종번 등을 의금부에 내려 가두어라."

"대간들이 어찌 대내를 의심하는 마음이 있겠습니까. 그들의 의사는 빨리 결정을 듣고자 한 데 지나지 않는 것입니다. 신 등은 대간이 죄정이 없었다고 생각합니다. 또한 대간이 말한 것을 신 등이 진실로 막거나 덮을 수 없어 아뢰지 않을 수 없습니다."

삼사에서 홍백경을 처벌하라고 일제히 요구했다. 그러나 연산군은 왕족이라는 이유로 거절했다. 삼사는 오랫동안 홍백경을 처벌하라고 요구하다가 오히려 연산군에게 벌을 받았다.

홍백경이 죽자 연산군은 그의 부인을 대궐로 불러들여 간음했다.

연산군의 폭정으로 재정이 고갈되기 시작했다. 대신들도 이에 불만을 품고 연산군에게 직언을 올리기 시작했다. 연산군은 이제 대신들까지 자신을 반대한다며 이를 갈았다.

연산군의 폭정이 막바지를 향해 치닫고 있다고 가장 먼저 깨달은 사람은 전 대교를 지낸 정희량이었다. 연산군 8년 5월 14일, 정희량은 고양군에서 어머니의 묘를 지키다가 병으로 인해 풍덕현 종의 집으로 피해 지내더니 이내 도망해 버려 간 곳을 알 수가 없었다.

"희량은 오랫동안 경연에 모시던 사람인데, 지금 미친병을 얻어 집을 나가서 간 곳을 알 수가 없으니 청컨대 경기와 황해 두 도의 감사로 하여금 널리 찾도록 하소서."

승지들이 일제히 아뢰었다.

"착하지 못한 사람을 무엇 때문에 찾겠는가?"

연산군은 일소에 붙였다.

사신은 논한다. "희량은 총명하고 민첩하며 널리 배워 글을 잘하였다. 유생 때에 상소하여 시사時事를 논하다가 해주로 귀양 갔었고, 과거에 급제, 예문관에 뽑혀 들었는데, 성질이 온자蘊藉하지 못하고 자부심이 너무 강하여 남이 자기 위에 있는 것을 허락하지 않았다. 복서卜筮 보기를 좋아하여 매양 일이 있게 되면 반드시 길吉한가 흉凶한가를 먼저 점쳤었다. 무오사화가 일어나기 전에 일찍이 친구에게 말하기를 '아무 해에는 반드시 사림의 화가 있을 것이다.' 하였는데, 화가 일어나자, 남쪽 고을로 귀양 갔다가, 이때 마침 사면되어 고양군에서 어머니의 묘를 지켰다. 상기가 끝나려 하자, 입을 다물고 말을 하지 않았다. 풍덕군으로 이거移居하여서는 여러 가지 버섯과 풀들을 캐어먹으며 한 잔의 물도 마시지 않기를 열흘 또는 한 달이 되도록 하다가, 단오 날 몸을 빼서 도망해 버려 간 곳을 알 수가 없었다. 그 가족이 찾아서 해변에 이르니, 다만 신 두 짝이 물가에 남아 있을 뿐이었다. 어떤 이는, '갑자사화가 일어날 것을 미리 알고 물에 빠져 죽은 것이었다.' 하고, 어떤 이는, 거짓 미쳐 세상을 피하며 지금도 아직 살아있다.'고 한다.

실록의 기록으로 정희량은 갑자사화가 일어날 것을 미리 알고 숨었다는 것이다.

이세좌는 폐비 윤씨를 사사했던 인물이었다. 그는 인정전에서 열린 양로연에서 술잔을 엎질러 연산군의 노여움을 샀다.

"오늘 잔을 드린 재상들에게 회배回盃를 내릴 때, 반 이상을 엎지른 자가 있는데 이런 일이 어떤가?"

"술을 엎질렀다면 매우 공손스럽지 못한 일입니다. 신하로서 어찌 이런 일이 있겠습니까?"

승정원에서 아뢰었다.

"예조 판서 이세좌가 잔을 드린 뒤 회배를 내릴 때에 내가 잔대를 잡았는데, 세좌가 반이 넘게 엎질러 내 옷까지 적셨으니, 국문하도록 하라."

이세좌는 술잔을 쏟은 일로 연산군의 미움을 사게 되었다. 경기 관찰사 홍귀달은 연산군이 손녀딸을 바치라고 했으나 바치지 않았다.

"신의 자식 참봉 홍언국의 딸이 신의 집에서 자랐습니다. 처녀이므로 예궐하여야 되는데, 마침 병이 있어 신이 언국을 시켜 사유를 갖추어 고하게 하였는데, 관계 관사에서 예궐하기를 꺼린다 하여 언국을 국문하게 하였습니다. 진정 병이 있지 않다면 신이 어찌 감히 꺼리겠습니까? 지금 바로 들게 하더라도 역시 들일 수 없습니다. 언국의 딸이기는 하지만 신이 실은 가장이기에 대죄합니다."

홍귀달이 아뢰었다.

"언국을 국문하면 진실과 허위를 알게 될 것이다. 아비가 자식을 위하여 구원하고 아들이 아비를 위하여 구원하는 것은 불가한 일이니, 귀달도 함께 국문하라."

연산군이 명을 내렸다.

"귀달의 아뢴 말이 옳으냐, 그르냐? 이런 말을 정원에서 입계ㅅ
啓하니 어쩐 일이냐? 아울러 정원도 국문하라."

연산군은 홍귀달을 막지 않은 승지들도 국문하라는 명을 내렸다.

"대신이 아뢰는 말을 막아 가릴 수는 없었습니다."

승지 박열이 아뢰었다.

"누가 곧 입궐하라 하였기에 이런 패역한 말을 하느냐? 그 불공함
이 이세좌가 하사주를 기울여 쏟은 죄와 다름이 없다. 대신이 이런 마
음을 가지고서 관찰사 소임을 할 수 있겠느냐? 그 직첩을 거두라. 도
승지는 장관長官이 되어, 귀달의 불공한 말을 입계하였다. 대신의 아
뢰는 말을 막아 가리지는 못하더라도, 죄를 청할 수는 있는데, 그러
지 않았으니, 따로 만들어 국문하라."

"승지들이 전원 국문을 받으니, 누가 추고推考할 전지를 짓겠습니
까?"

승지 이계맹이 아뢰었다.

"귀달이 대신이니 백관의 사표師表라 할 수 있는데, 이런 불공한 말
을 아뢰었다. 대저 대신이 재상이노라 하지 않고 그 마음을 경계하고
조심하면 신진 선비들이 역시 본받게 될 것인데, 그 위를 업신여김이
이세좌와 같다. 정원에서는 어떻게 생각하는가?"

"귀달이 제 지위를 믿고 불공한 말을 한 것인지, 그 마음을 알지 못
하겠습니다. 그러나 그 말은 그릅니다."

승지 성세순, 이의손, 강징이 아뢰었다.

"어세語勢가 불공하니, 오로지 위를 업신여기는 마음에서 나온 것

이다. 사헌부의 의견은 어떠한가?"

사헌부 대사헌 이자건 등을 불러서 물었다.

"귀달이, 필시 그 아들이 죄를 입을까 두려우므로 와서 구원한 것입니다. 또한 '비록 곧 들게 하시더라도 예궐할 수가 없습니다.'는 말은 지극히 불공합니다. 신들이 지금 전교를 듣고 놀라는 마음 이를 데 없습니다."

대사헌 이자건 등이 아뢰었다. 그들은 연산군의 뜻에 따라 벌벌 떨면서 아뢰었다. 연산군은 판서와 관찰사까지 사소한 일로 국문하라는 명을 내린 것이다.

"군신의 분의는 엄히 하지 않을 수 없다. 군신의 분의가 엄하지 않으면 상하가 문란하여 이적夷狄이나 다를 것이 없다. 이러므로 자주 전교와 전지를 내려 폐습弊習을 없애려는 것인데, 그럭저럭 고쳐지지 않고 오늘에 이르렀다. 전일 이세좌가 하사주를 기울여 쏟아 나의 옷을 적시기까지 하였으니, 그 죄가 불경을 범한 것이다. 신하로서 죄가 무엇이 불경보다 크겠는가? 대간인 자 의당 탄핵하여야 할 것인데, 그의 세력이 두려워 입을 다물고 아무 말이 없었으나, 세좌는 이미 죄를 주었다.

대저 지금 대간은 그 근거를 보면, 재상은 세력이 두려워 말하지 않고, 고단한 세력 없는 사람을 보면 반드시 탄핵 논란하여 말지 않는데, 대간만 그러는 것이 아니라 재상까지 한 사람도 말하는 자가 없었다. 이 때문에 대간이나 재상된 자들이 서로 붕당이 되어 임금을 고립되게 하니, 이를 그만두지 않는다면 우리나라의 오래되고 먼 왕업이 장차 땅에 떨어지고 말 것이다.

앞서 무오년 붕당의 무리들이 이미 중한 벌을 받았으니, 앞 수레의 엎어짐을 역시 거울삼아야 할 것인데, 그런 풍습이 다 없어지지 않고 아직도 남아 있으니, 이런 폐습은 없애지 않을 수 없다. 물에 비한다면 아직 터지지 않았을 때에는 둑을 쌓아 막을 수 있지만 무너져 넘친 뒤에는 사세가 막을 수 없는 것이다. 지금 귀달의 아뢴 것은, 대개 이세좌가 공경스럽지 못한 죄를 범하였는데도 중한 죄로 다스리지 않았기 때문이다. 이런 패역悖逆한 말은, 친구간이라도 좀 높은 자에게는 감히 하지 못할 것인데, 하물며 임금의 앞에서 이겠는가? 국문하라."

"성상의 하교가 지당하십니다. 이세좌는 과연 중한 죄를 범하였습니다. 그러나 지금 감히 다시 추론追論하기를 청하지 못하지만, 귀달 역시 불경의 죄를 범하였으니, 추국하여 죄주기 청합니다."

이자건이 아뢰었다.

"의정부 및 육조六曹를 부르고 또 승지들을 머물러 물러가지 말게 하라."

윤필상, 유순, 박건, 강귀손, 신준, 김응기, 이집, 허침, 정미수, 송질을 불렀다. 연산군은 피바람을 불러일으키기 위해 대신들을 압박하기 시작했다.

"이세좌가 중죄를 짓고 귀양 갈 때에 재상이나 대간이 그 세력을 무서워하여 한 사람도 그 처벌이 경함을 말하지 않았고, 방면될 때에도 역시 누구 하나 빨리 풀려온 것에 대해 말한 자가 없었다. 모든 재상들이 이 때문에 교만해져 모두들 '아무개도 귀양 간 지 얼마 안 되어 돌아왔으니, 내가 죄를 입더라도 역시 오래지 않아 방면될 것이다.' 하여, 귀달 역시 경계하지 않고 공손스럽지 못한 말을 한 것이니, 지금 마땅히 국문하여 죄주어야 한다. 세좌가 지금 방면되었지만 하필 성 안에 있게 해야겠느냐? 성 밖에 두는 것이 어떤가? 혐의하지 말고 말하라."

"세좌의 죄는 과연 중합니다. 당초 사면하는 날에 신들의 생각 역시 빠르다 여겼으나, 다만 특별히 내리는 은명恩命이기 때문에 감히 아뢰지 못하였던 것인데, 지금 생각하니 신들의 잘못이었습니다. '성 밖에 있게 한다.'는 성상의 하교가 지당하십니다. 지금 귀달의 죄 다스리는 것인즉, 재상들이 알아두어야 할 것입니다."

대신들은 불안하여 연산군의 눈치를 살피면서 대답했다.

"신하의 죄가 불공보다 큰 것이 없으니, 내가 망령되이 스스로 존대尊大하려 하여 말하는 것이 아니다. 대체로 군신 사이의 분의는 엄히 하지 않을 수 없는 일이니, 임금으로서는 임금의 도를 알고 신하로서는 신하의 도를 알아, 임금과 신하가 각기 그 도를 다하여야 한다. 만일 임금과 신하의 분의가 엄하지 못하다면 조정안에서 무슨 일이 바로 될 수 있겠는가? 지금 피폐한 고을로 내쫓는 것이 마땅하니, 정배할 곳을 의논하여 아뢰도록 하라. 다만, 경들의 아뢰는 말이 어찌 그리 늦는가?"

윤필상 등은 이세좌를 강원도 영월로 귀양 보낼 것을 청했다.

"아뢴대로 하라."

연산군이 마침내 명을 내렸다. 이세좌와 홍귀달은 영월로 귀양을 가게 되었다.

'장차 이 일을 어떻게 할 것인가?'

이세좌는 폐비 윤씨에게 사약을 전하던 일이 떠올라 괴로웠다. 연산군은 이세좌와 홍귀달에게 본보기를 보이려고 하고 있었다. 그러나 연산군의 분노는 풀리지 않았다. 결국 귀양 가는 이세좌와 홍귀달을 압송하여 곤장을 때렸다.

금삼의 피

임사홍은 폐비 윤씨의 생모 신씨를 찾는 일에 전력을 기울였다. 그는 아들 임숭재가 죽으면서 연산군에게 버림을 받을까봐 전전긍긍했다. 그래서 연산군에게 총애를 받을 방법을 골똘하게 생각하다가 폐비 윤씨의 친정어머니 신씨를 떠올렸다. 폐비 윤씨가 사약을 받고 죽은 뒤에 그녀의 일가는 풍비박산이 되었고, 신씨는 행방불명 됐다. 임사홍은 전국에 장정들을 보내 신씨의 행방을 찾기 시작했다.

"신씨를 찾으면 가마에 태워 모시고 오라. 극진하게 모셔야 한다."

임사홍은 종자와 장정들에게 당부했다. 종자와 장정들은 여러 달이 지나서야 신씨의 행방을 찾았다.

"나리, 신씨를 찾았습니다."

장정들이 달려와서 임사홍에게 고했다. 임사홍은 신씨를 찾았다는 말에 가슴이 쿵 하고 울리는 것 같았다.

"그래. 신씨는 어디에 있느냐?"

"멀리 경기도 이천에 있는데 집사 어른이 가마를 태워 오고 있습니다."

"신씨는 건강한 것이냐?"

"지팡이를 짚고 있기는 해도 건강합니다."

"안에 들어가서 별당에 불을 밝히고 침구를 새 것으로 들이라고 하라."

"예."

종자가 허리를 숙여 보이고 안으로 들어갔다. 임사홍은 기다리기가 초조하여 대문께 까지 나갔다. 이제 신씨를 이용하여 연산군에게 접근할 수 있다고 생각하자 피가 끓는 것 같았다.

"나리, 저희들이 돌아왔습니다."

사방이 캄캄하게 어두워졌을 때야 집사 김응원이 신씨를 가마에 태워 집으로 돌아왔다.

"어서 오십시오. 원로에 얼마나 고생이 많으셨습니까?"

신씨가 가마에서 내리자 임사홍은 땅바닥에 엎드려 절을 했다.

"뉘신데 이런 예를 올립니까?"

신씨가 놀라서 눈이 휘둥그레졌다. 신씨는 허리가 꼬부라진 노인이었다. 지팡이를 짚고 있었는데 짓무른 눈으로 임사홍을 살폈다.

"소인은 임사홍이라고 부릅니다. 우선 안으로 드시어 피로를 푸십시오."

임사홍은 신씨를 업어서 별채로 들어갔다. 하인과 여종들이 웅성거렸으나 개의치 않았다. 임사홍은 별채의 푹신한 요 위에 신씨를 앉힌 뒤에 집안 식구들을 불러 절을 하게 했다.

"대체 뉘신데 이 늙은이를 이렇게 공손하게 대접하는 것입니까? 불안하여 몸 둘 바를 모르겠습니다."

신씨는 불안한 표정으로 임사홍에게서 눈길을 떼지 않았다.

"주상전하의 외조모이시고 억울하게 사사된 중전마마의 친정어머니 아니십니까? 살아 계시다는 말씀을 듣고 백방으로 수소문하여 모시게 되었습니다. 도승지를 지낸 임사홍이라고 부릅니다."

임사홍은 하인들에게 음식을 차리고 좋은 옷을 내오라고 일렀다. 하인들이 부랴부랴 음식을 차리고 호사스러운 치마저고리를 들여왔다.

"그러면 아드님들이 선대왕의 사위가 아닙니까?"

신씨도 임사홍의 이름을 들어 알고 있었다.

"그렇습니다. 중전마마의 모후께서 이와 같은 고초를 겪으셨으니 정녕 하늘이 무심했습니다. 그간 얼마나 고초가 많으셨습니까?"

폐비 윤씨의 이야기가 나오자 신씨는 눈물부터 흘렸다.

"내 사촌 아우는 어찌되었소?"

"죽었다는 소문이 있습니다."

임사홍이 머리를 조아려 대답했다. 신씨는 여러 해 전에 신경민과 헤어져 만나지를 못했다. 딸 윤씨가 죽은 뒤에 궁핍하게 살았고 인수대비의 감시를 피해 동냥을 하다시피하면서 구차한 목숨을 연명해 나갔다. 그녀가 살 수 있었던 것은 오로지 딸의 원통함을 풀어주겠다는 일념 때문이었다.

'신씨를 찾았으니 임금과 대면하게 해야 한다.'

신씨로부터 비참하게 살아온 이야기를 들은 임사홍은 신씨에게 새 옷을 갈아입히고 쉬게 했다. 그는 신씨를 연산군에게 대면시킬 방법을 연구하면서 여러 날을 보냈다. 임사홍이 진귀한 선물이 있다면서 장녹수를 청한 것은 이로부터 석 달이 지난 어느 날이었다.

"폐비 윤씨의 친정어머니이십니다."

임사홍이 신씨를 소개하자 장녹수가 눈을 크게 떴다. 신씨가 살아 있다는 것은 알았으나 임사홍이 데리고 있을 줄은 꿈에도 몰랐다.

"소인이 대부인 마님을 뵈옵니다."

장녹수는 눈치가 빠른 여인이었다. 그녀는 신씨에게 다짜고짜 큰 절을 올렸다.

"이 색시는 누구입니까?"

신씨가 불안한 표정으로 임사홍에게 물었다.

"전하를 모시는 여인이옵니다."

"그러면 나를 전하에게 대면하게 해주시오."

"걱정하지 마십시오. 소인이 당장 입궐하여 전하께 말씀을 올리겠습니다."

장녹수는 신씨를 만나서 그 동안의 여정을 자세히 듣고 입궐했다. 임사홍에게 신씨를 모시고 입궐하라는 연산군의 명이 떨어진 것은 그

날이 채 지나기 전의 일이었다.

연산군은 장녹수를 싸늘한 시선으로 노려보았다. 장녹수가 무릎을 꿇고 엎드려 외조모 신씨가 살아 있다고 고한 것이다. 그는 신씨를 본 기억이 없었다. 장녹수가 외조모에 대한 이야기를 꺼낸 것은 무슨 까닭인가. 임사홍에게 명을 내려 신씨를 입궐하게 했으나 머릿속이 어수선했다.

'무엇인가 불길한 일이 일어나고 있다.'

연산군은 장녹수에게 일어나라고 손짓을 했다. 장녹수가 머리를 들고 일어나 앉았다.

"임사홍이 어찌하여 이제야 신씨를 찾았다고 하느냐?"

"우연히 신씨가 살아있다는 말을 듣고 수소문하게 되었다고 합니다."

"신씨는 어떻게 살았다고 하느냐?"

"매우 궁핍하게 살았다고 합니다."

"임금의 외조모인데 어찌 궁핍하게 살았느냐?"

연산군의 질문에 장녹수는 선뜻 대답을 하지 못했다. 폐비 윤씨의 죽음에 대해서는 누구도 발설할 수 없다. 연산군이 그 사실을 알게 되면 무서운 피바람이 불 것이다. 그때 신씨가 도착했다고 내시들이 고했다.

"어서 모셔라."

연산군이 날카로운 목소리로 소리를 질렀다. 궁녀들이 가마에서 내리는 신씨를 부축하여 침전으로 들어왔다. 연산군은 조심스럽게 신씨를 살폈다.

"전하의 외조모이십니다."

장녹수가 떨리는 목소리로 아뢰었다.

"정녕, 저의 외할머님이라는 말씀입니까?"

연산군의 울음 섞인 목소리에 장녹수가 눈을 감았다. 상궁들도 어찌할 바를 몰라 수군거리고 있었다.

"그러하옵니다. 이 늙은이가 전하의 외할미입니다."

"할머님."

"전하, 소인은 오로지 전하께서 보위에 오르시어 소인을 부르는 날만을 학수고대해 왔습니다."

신씨가 눈물을 주르르 흘렸다. 딸의 비참한 죽음이 떠올라 가슴이 터질 것 같았다.

"외할머님, 외할머님의 주름진 얼굴을 뵈오니 고초가 얼마나 심했는지 알 수 있을 것 같습니다. 누가 외할머님을 이렇게 만들었습니까?"

"이야기를 시작하면 오늘밤을 꼬박 세워도 모자랄 것입니다."

"소손이 밤을 새워 듣겠습니다. 제 어머님은 어떻게 돌아가셨습니까?"

"전하의 어머니께서는 원통하게 돌아가셨습니다. 원통하여 죽어서도 눈을 감지 못했을 것입니다."

신씨가 가슴을 두드리면서 울었다.

"어머님이 어떻게 돌아가셨기에 원통하다고 말씀하시는 것입니까?"

"전하의 어머니께서는 간악한 자들의 흉계에 의해 돌아가셨습니다."

"외할머님, 어머니께서 어떻게 돌아가셨는지 말씀해 주십시오."

"어머님께서는 죽기 전에도 우리 원자가 보고 싶다고 몸부림을 치다가 사약을 받고 돌아가셨습니다. 전하, 이 늙은이의 가슴에 맺힌 한을 풀어주십시오. 이 늙은이가 살아있는 것은 오직 원수들이 죽는 날을 보기 위해서입니다."

신씨는 외손자인 연산군 앞에서 통곡했다.

"아바마마께서 어찌 사약을 내리셨습니까?"

"처음에는 사가로 폐출했다가 다음에 사약을 내리셨습니다."

"대체 어머니가 무슨 죄를 지었다고 사약을 받았다는 말입니까? 원자의 모후에게 사약을 내리는 법도 있다는 말입니까?"

신씨는 구중궁궐에서 일어난 일을 자세히 알지 못했다. 그녀는 폐비 윤씨가 정 소용과 엄 소용의 모함으로 사약을 받게 되었다고 아뢰었다.

"요망한 정 소용과 엄 소용이 내 어머니를 돌아가시게 만들었군요. 내가 어찌 어머니의 원수와 한 하늘 아래에서 살 수 있겠습니까?"

"이것이 전하를 낳아주신 어머니의 적삼입니다. 여기 어머니가 흘린 핏자국이 있습니다."

신씨는 폐비 윤씨가 사약을 받을 때 입었던 적삼을 연산군에게 내밀었다. 소위 금삼錦衫의 피라는 옷이다. 10여 년 동안 부둥켜안고 지내온 적삼이었다. 적삼은 낡아서 만지면 바스라질 것 같았으나 핏자국은 뚜렷이 알아볼 수 있었다. 연산군은 폐비 윤씨의 적삼을 움켜쥐고 또 다시 통곡했다.

"전하의 어머니께서 사약을 받으신 후에 신은 죽지 못해 지금까지 살아왔습니다. 이제 전하께서 장성하여 보위에 오르셨으니 신의 원한을 풀어주십시오."

신씨는 폐비 윤씨가 죽은 뒤에 10여 년 동안 겪은 고초를 연산군에게 낱낱이 고했다. 이야기를 하는 동안 목이 메어 몇 번이나 냉수를 들여가야 했다. 폐비 윤씨가 사사된 뒤에 폐비의 어머니인 그녀는 행여나 죽임을 당할까봐 노심초사하면서 바람처럼 떠돌아다녔다. 언제 죽음이 닥칠지 몰랐기 때문에 하루도 편하게 잔 날이 없었다. 형조참의를 지낸 사촌동생 신경민이 아니었으면 그녀는 결코 살아 있을 수 없었다. 성종이 폐비 윤씨의 일에 대해서 누구도 거론하지 말라는 엄명을 내렸으나 원자가 무럭무럭 자라면서 대신들은 전전긍긍했다. 그들은 연산군이 보위에 오르지 않기를 간절히 바랐으나 어쩔 수가 없었다. 그들은 연산군이 보위에 오르자 신씨가 연산군을 만나는 것을 경계했다.

"전하, 이 늙은이의 피 맺힌 원한을 풀어주십시오. 전하의 모후가 지하에서 눈을 감지 못하고 있습니다."

연산군은 신씨의 말을 들으면서 통곡하고 또 통곡했다. 연산군의 눈은 분노로 충혈 되고 가슴은 터질 듯이 부풀었다. 연산군은 그날 밤부터 피바람을 불러일으키기 시작했다.

"밖에 누구 있느냐?"

연산군이 행랑을 향해 소리를 질렀다.

"소인 대령해 있사옵니다."

내시 윤영달이 재빨리 대답하고 문을 열고 침전으로 들어갔다. 침전에는 익선관을 벗고 상투 차림인 연산군이 신씨 앞에 엎드려 있었다. 내시가 들어가자 고개를 드는데 얼굴이 눈물로 걸레처럼 젖어 있었다.

"안양군 이항과 봉안군 이봉을 목에 칼을 씌워 옥에 가두라."

연산군이 내시에게 영을 내렸다.

이항과 이봉은 정 소용이 낳은 성종의 아들이었다. 그러나 윤영달이 미처 명을 받고 물러가기도 전에 다시 영을 내렸다.

"숙직 승지 두 사람이 당직청에 가서 항과 봉을 장 80대씩 때려 외방에 부처하라. 또 의금부 낭청 1명은 옥졸 10인을 거느리고 금호문 밖에 대령하라."

연산군이 다시 명을 바꾸었다. 윤영달이 달려가다가 되돌아와서 연산군의 명을 받들었다.

"항과 봉을 창경궁으로 잡아오라."

연산군의 영은 살벌했다. 내금위 무사들이 대경실색하여 연산군의 이복동생들인 이항과 이봉을 잡아왔다. 한밤중에 영문도 모르고 끌려온 이항과 이봉은 사색이 되어 부들부들 떨고 있었다.

"네 어미들이 국모를 시해했다. 너희들이 지은 죄를 알고 있느냐?"

연산군이 침전에서 나와 이복형제들을 쏘아보면서 물었다.

"전하, 이 일은 깊이 생각하셔야 하옵니다. 밝은 날 대신들과 의논하소서."

내시 김처선은 연산군의 눈이 흉포하게 광기를 띠자 무릎을 꿇었다.

"뭐라?"

"돌아가신 대행왕께서 거론하지 말라는 유명이 있으셨습니다. 유념하시옵소서."

"닥쳐라!"

"전하, 대행왕의 유명을 거역하는 것은 불효한 일이옵니다. 미천한 소인의 말을 들으소서."

"이놈! 네놈이 감히 나를 훈계하려느냐? 저놈을 끌어내어 장 80대를 쳐라! 속히 거행하라!"

연산군은 추상같은 명을 내렸다. 김처선은 전신에 오한이 일어나는 것 같았다. 김처선이 어떤 직간을 올려도 분노하지 않던 연산군이 장 80대를 치라는 명을 내린 것이다.

갑자사화의 피바람

연산군은 신씨를 대궐에서 쉬게 한 뒤에 폭음을 했다. 어머니의 죽음을 생각하자 피가 끓어올랐다. 그동안 궁녀들이 뒤에서 수군거리고 아버지인 성종이 자신을 미워한 까닭을 비로소 알 수 있었다.

대궐과 조정은 발칵 뒤집혀 있었다. 궁녀들이 뛰어다니면서 수군거리고 대신들이 갈팡질팡했다. 폐비 윤씨의 죽음에는 정 소용과 엄 소용을 비롯하여 인수대비까지 관련되어 있었고 조정대신들도 무수히 연루되어 있었다.

날이 밝기가 무섭게 대신들이 모여서 대책을 논의하는 동안 연산군도 대신들을 일거에 쓸어버릴 계책을 세웠다. 대궐에 비상계엄이 선포되고 갑사들이 삼엄하게 대궐을 에워쌌다. 도성을 나가는 문이 모두 닫혀 백성들조차 출입을 할 수 없었다.

'도성 문을 닫고 사냥을 하려는 것인가?'

대신들은 왕명으로 도성문이 닫히자 불안해했다. 백성들은 어찌할 바를 몰라 뒤숭숭한 표정으로 문을 닫아걸고, 시장은 철시했다. 거리에는 인적이 뚝 끊겼다.

밤이 되자 대궐은 횃불이 대낮처럼 밝혀지고 국청이 갖추어졌다. 연산군은 정 소용과 엄 소용을 국청으로 끌고 와서 자루에 덮어씌운 뒤에 이항과 이봉을 다시 잡아들였다.

"자루 속에 있는 것들은 대역 죄인들이다. 이 죄인을 치라."

연산군이 이항과 이봉에게 몽둥이를 주면서 명을 내렸다. 연산군의 눈은 붉게 충혈 되고 살기가 번들거렸다. 이항과 이봉은 자루 속에 있는 여인들이 누구인지 몰랐다.

"어서 치라!"

이항과 이봉이 머뭇거리자 연산군이 눈을 부릅뜨고 다그쳤다.

광기의 시대, 폭력의 시대

"예!"

이항이 마지못해 먼저 몽둥이로 자루 속의 여인들을 내리쳤다. 자루 속에서 여인들이 처절한 비명을 질러댔다. 정 소용과 엄 소용은 비명을 지르다가 혼절했다. 대궐의 궁녀들과 내관들의 얼굴이 하얗게 질렸다.

'자루 속에 있는 분은 어머니가 아닌가?'

이봉은 자루 속에서 들리는 비명 소리를 듣고 경악했다. 이항은 여인들의 비명을 듣고 넋을 잃고 쓰러졌다.

"너도 치라 하지 않느냐?"

연산군이 이봉에게 명을 내렸다.

"자, 자루 속에 있는 여인이 누구이옵니까?"

이봉이 부들부들 떨면서 물었다.

"대역 죄인이다. 어서 치라!"

연산군이 이봉을 윽박질렀다.

"전하, 신은 그리할 수 없습니다. 자루 속에 있는 사람은 신의 어미가 아닙니까?"

이봉이 울음을 터트리면서 무릎을 꿇었다.

"네 어머니가 아니라 죄인이다. 이 죄인을 어서 치라."

"못하옵니다. 어미를 때릴 수 없습니다. 소인을 죽여주시옵소서."

이봉은 통곡을 하고 울음을 터트렸다.

"흥! 그렇다면 내가 칠 것이다."

연산군은 이봉에게 몽둥이를 빼앗아 자루 속의 여인들을 마구 내리쳤다. 자루 안에서 처절한 비명소리가 들려왔다. 이봉은 울부짖다가 혼절했다. 자루 밖으로 피가 낭자하게 흘러내리고 둘러서 있던 궁녀들과 내관들이 공포에 질려 몸을 떨었다. 정 소용과 엄 소용은 연산군에게 몽둥이로 맞아 죽었다. 그녀들이 연산군에게 몽둥이로 맞아죽었다는 말을 들은 인수대비가 경악하여 국청으로 달려왔다.

"주상, 어찌 이럴 수가 있습니까? 대행왕의 후궁들을 주상이 몸소 척살하는 법이 어디 있소?"

인수대비가 연산군에게 호통을 쳤다.

"이것들은 국모를 시해한 대역 죄인들입니다. 능지처사를 해도 분이 풀리지 않을 계집들입니다."

연산군은 인수대비에게 눈을 부릅뜨고 소리를 질렀다.

"주상은 모르는 일이오. 폐비의 일은 주상의 어미에게 잘못이 있소."

"할머님, 할머님도 우리 어머니를 죽이는데 일조를 하지 않았습니까? 할머님께서 우리 어머니를 죽이라고 하지 않았습니까?"

연산군은 인수대비에게 격렬하게 반발했다. 인수대비는 눈을 감고 공포에 떨었다. 인수대비가 돌아가자 연산군은 더욱 분개하여 정 소용과 엄 소용의 시신을 찢어서 젓을 담근 뒤에 산과 들에 뿌리라는 영을 내렸다. 연산군은 이복형제인 이항과 이봉을 사사한 뒤에 그들의 처와 자식들을 귀양 보내고 노비로 삼았다.

갑자사화의 피바람이 불기 시작한 것이다. 연산군 10년 3월20일의 일이었다.

항과 봉은 정씨의 소생이다. 왕이, 모비母妃 윤씨가 폐위되고 죽은 것이 엄씨와 정씨의 참소 때문이라 하여, 밤에 엄씨·정씨를 대궐 뜰에 결박하여 놓고, 손수 마구 치고 짓밟다가, 항과 봉을 불러 엄씨와 정씨를 가리키며 '이 죄인을 치라.' 하니 항은 어두워서 누군지 모르고 치고, 봉은 마음속에 어머니임을 알고 차마 장을 대지 못하니, 왕이 불쾌하게 여겨 사람을 시켜 마구 치되 갖은 참혹한 짓을 하여 마침내 죽였다.

왕이 손에 장검을 들고 인수대비 침전 밖에 서서 큰 소리로 연달아 외치되 '빨리 뜰 아래로 나오라.' 하기를 매우 급박하게 하니, 시녀들이 모두 흩어져 달아났고, 대비는 나오지 않았다. 그런데, 왕비 신씨가 뒤쫓아 가 힘껏 구원하여 위태롭지 않게 되었다.

왕이 항과 봉의 머리털을 움켜잡고 인수 대비 침전으로 가 방문을 열고 욕하기를 '이것은 대비의 사랑하는 손자가 드리는 술잔이니 한 번 맛보시오.' 하며, 항을 독촉하여 잔을 드리게 하니, 대비가 부득이하여 허락하였다. 왕이 또 말하기를, '사랑하는 손자에게 하사하는 것이 없습니까?' 하니, 대비가 놀라 창졸간에 베 2필을 가져다주었다. 왕이 말하기를 '대비는 어찌하여 우리 어머니를 죽였습니까?' 하며, 불손한 말이 많았다. 뒤에 내수사를 시켜 엄씨·정씨의 시신을 가져다 찢어 젓을 담가 산과 들에 흩어버렸다.

연산군의 복수는 처절했다. 자루에 넣어 몽둥이로 때려죽이는 것은 진시황이 자신의 생모 조희와 노애가 간통하여 낳은 두 이복동생을 때려죽인 일에서 살펴 볼 수 있다. 폐비 윤씨가 죽을 때의 기록을 살핀 연산군은 이세좌와 그 아들까지 모조리 죽였다. 갑자사화의 피바람은 무섭게 불었다. 대신들과 관리들은 벌벌 떨었다.

정 소용과 엄 소용의 비참한 죽음은 시작에 지나지 않았다. 폐비 윤씨의 복수를 하려는 연산군의 분노는 대신들에게로 향했다. 사건은 폐비 윤씨의 사사로 확대되었다. 당시의 재상과 승지, 삼사의 간원들은 한 사람도 남기지 않고 체포되어 국문을 당해 죽거나 유배를 갔다. 이때 239명의 관리나 선비들이 체포되었다. 그 중 122명이 사형을 당하거나 가혹한 고문을 견디지 못하고 옥중에서 죽거나 부관참시를 당했다.

윤필상과 이세좌가 처형되고 한명회와 정창손 등 당시의 쟁쟁한 대신들은 부관참시를 당했다. 사림파와 훈구파의 쟁쟁한 대신들이 하루아침에 처형을 당하거나 귀양을 갔다.

연산군은 걸핏하면 광분하여 닥치는 대로 사람들을 죽였다. 연산군이 일으킨 피바람은 몇 달 동안 계속되었다. 연산군은 낮에는 국청을 열고 밤에는 주지육림에서 지냈다. 흥청방을 만들어 전국의 기생들을 뽑아 소속시키고 음란한 행위를 일삼았다. 흥청방은 연산군이 주지육림에서 보내기 위해 만든 관청으로 전국에서 기생들을 뽑아 소속시키고 연회를 준비하는 기관이었다.

"흥청방에 들어오지 않는 자는 왕명을 가볍게 여기는 것이다. 흥청방에 들어오지 않으려는 간사한 수작을 부리는 자는 죽여서 시체를 자르고 쪼개라."

연산군의 봉모부인인 백어니의 종 종가라는 여인은 실성하여 흥청방에 들어오지 않으려다가 연산군으로부터 잔혹한 형벌을 받았다. 종가의 부모는 부관참시 하고 형제와 삼촌이나 사촌들은 장 1백대를 때려서 제주도로 유배 보내라는 명이 내려졌다.

"승지 권균, 강혼, 한순과 이조 판서 김수동, 예조 판서 김감에게 명하여 형을 집행하는 것을 감독하게 하라. 무릇 죄인이나 노비로서 공천公賤에 속해 있는 자는 모두 차례로 둘러서서 보게 하고 고척지형剒剌之刑을 가한 뒤에 효수하여 사방으로 시체를 보내게 하라."

고척지형은 시체를 자르고 쪼개는 무서운 형벌이다. 연산군이 처음으로 실시했다. 사람들은 뒤에 숨어 연산군을 걸주(桀紂, 폭군으로 유명한 걸왕과 주왕)라고 손가락질 했다.

폐비 윤씨의 죽음을 알게 된 후에 연산군은 더욱 잔혹해져 죄인에게 형벌을 가할 때 교살한 뒤 얼마 있다가 목을 베고, 그것도 부족하면 사지를 찢고, 찢고도 부족하면 마디마디 자르고 배를 가르라는 영을 내렸다. 뼈를 갈아 바람에 날리는 형벌을 내리기도 했다.

연산군의 폭정으로 수많은 희생자들이 발생했다. 폐비 윤씨의 사사로 비롯된 연산군의 피에 젖은 학살은 대궐의 궁녀들과 사대부가의 부인들에게도 자행되었다. 사대부가의 여인들은 궁으로 불려 들어가 겁탈을 당하고 저항을 하면 죽임을 당했다.

효孝와 의義를 다 가져야 선왕의 규법에 맞고
사邪에 끌려 교巧를 부리면 세상이 흠으로 친다

254

만약 오늘의 조의에 반대하는 자가 있다면

서릿발 같은 칼날 아래 죽음을 면치 못하리

孝義通存合帝規,

牽邪執巧俗爲疵。

有人若駁今朝議,

未免霜鋩舞不遲

연산군의 어제시에서 피냄새가 느껴진다. 왕명에 저항하는 자는 서릿발 같은 칼날 아래 죽음을 당할 것이라는 무시무시한 어제시이다. 연산군은 폐비 윤씨를 제헌왕후에 추봉하고 국기國忌를 거행하라는 명을 내렸다.

이장곤을 두려워한 연산군

연산군은 이장곤을 가장 두려워했다. 이장곤은 신궁이라고 불릴 정도로 활을 잘 쏘았다. 그는 이극균의 천거로 벼슬길에 올랐다. 갑자사화로 이극균이 처벌되면서 이장곤도 처벌을 받게 되었다.

"홍상과 이극균은 원래 교통하여 왕래하지 아니하였으며, 이장곤은 저도 누구인지 모릅니다."

이극균의 종이 대답했다.

"무릇 이른바 누설이라는 것은 터무니없는 일을 꾸며서 말함을 이르는 것도 아니요, 알지 못하고 망령되이 말함을 이르는 것도 아니며, 비록 듣고 본 것이 있더라도 삼가고 말을 전하지 아니한 뒤라야 누설하지 않았다고 할 수 있는 것이다. 근자에 대군의 병을 살피러 나갔다가, 마침 이극균의 집을 보니 너무도 궁성에 가까웠다. 궁성 안은 스스로 금하고 비밀하게 되어 따로 하는 일이 있는 것인데, 극균이 항시 그 밑에 살면서 날마다 하는 일을 알고 사람들에게 전파하였을 것이니, 이 어찌 대신의 체통이겠는가. 궁궐 안의 일을 외인이 비록 말하더라도 극균으로서는 '내가 궁성 근처에 살고 있으니 내가 누설한 것이라고 하지 않겠는가.' 하여, 항상 이로써 스스로 경계해야 하는데, 극균은 그렇지 아니하고 도리어 누설한 바가 있었다. 그러므로 무오년부터 오늘까지 불초한 무리들의 시끄러운 여러 말이 모두 이로 말미암지 않은 것이 없으니, 정승들은 그것을 알고 있으라."

연산군이 대신들에게 말했다. 연산군은 이극균에게 대궐 안의 비밀을 누설했다는 터무니없는 죄를 뒤집어씌웠다.

"과연 성상의 하교와 같습니다. 평소에 신 등도 또한 생각하기를, 극균이 대궐 가까운 높은 지대에 집을 짓고 안연하게 거처함은 말할 수 없이 심하다고 여겼습니다. 이장곤의 일 같은 것은, 젊어서부터 궁력弓力이 뛰어나서 배우지 아니하고도 잘 쏘므로, 성종조에 재상인 이칙이 일찍이 승정원으로 나아가 천거한 적이 있으며, 신 등도 또한 일찍이 활을 잘 쏜다는 말을 들었으니, 극균의 뜻도 재주가 있다 하여 천거한 것이 아니겠습니까? 장곤을 추국하면 알 수 있을 것입니다."

유순이 아뢰었다. 유순은 오히려 연산군의 말에 아부를 했다.

"이장곤이 비록 어릴 때부터 배우지 아니하고도 활쏘기에 능하다 하나, 대저 활 쏘는 일이란 반드시 학습을 쌓은 뒤라야 능한 것이니, 이극균의 천거가 또한 어찌 범연한 일이겠는가."

연산군이 말했다. 그는 이장곤을 두려워하고 있었다.

"일찍이 경연에서 극균을 보건대, '비록 윗사람이라도 옳지 못한 일이 있으면 아래서 복종하지 않는다.' 하였으니, 그 뜻을 알 수 있는 것이다. 특히 이장곤의 재주를 천거하되, 활쏘기를 잘하고 음률을 안다 하여 우직(右職, 현재의 직위보다 높은 벼슬)을 제수하도록 하였으니, 이 어찌 사정이 없었겠는가? 장곤을 고문한다면 알 수 있을 것이다."

"이장곤은 비록 활쏘기에 능하다 할지라도, 이극균이 천거한 것은 반드시 그 정실이 있을 것이다."

"장곤이 과연 활쏘기에 능합니다. 그러나 극균이 천거한 것은 그 마음의 공사公私를 알 수 없습니다."

승정원에서 아뢰었다. 이장곤은 활쏘기에 능해 백발백중이라는 말이 떠돌았다.

"문신으로 활쏘기에 능한 자가 한두 사람이 아닌데, 홀로 장곤을 천거하였다. 작상爵賞은 임금에게 있는 것이지 밑에 있는 자가 천거해야 하는 것이 아니다."

"과연 성상의 하교와 같습니다."

승지들이 아뢰었다.

"이장곤을 장杖 1백에 처하고 고신告身을 모조리 삭탈削奪하여 해

광기의 시대, 폭력의 시대

외海外, 바닷가로 내쫓으라."

이장곤은 어떠한 죄도 지은 일이 없었다. 다만 활쏘기를 잘한다는 이유로 그는 연산군의 형벌을 받게 된 것이다. 그런데 나졸들이 그를 잡으러 갔을 때 이장곤은 달아나고 없었다.

"죄인 이장곤이 도망갔습니다."

남해 근리사南海謹理使 유방이 파발을 띄웠다.

"장곤의 집을 즉시 폐쇄하고 그 부모·동생과 족친을 수금囚禁하며, 의금부 낭원 중 순직 근신한 자를 보내어 그 형 이장길과 함께 조치하여 잡되, 손바닥을 꿰어 수갑을 채우고 칼을 씌워 오라."

연산군이 잔인한 명을 내렸다.

"의금부 낭원 중 활 잘 쏘는 무신 2명을 보내어 잡아오라. 장곤은 활 잘 쏘는 용사이니, 그를 잡아 고하는 자는 익명서 때 잡아 고한 자와 같이 논상하라. 그리고 남해 현감 유성은 이 실정을 모를 리 없으니 잡아다 국문하라."

이장곤의 탈출로 조정이 발칵 뒤집혔다.

화난禍難 닥치리라 미리 헤아려 딴 놈에게 붙고
흉하게도 고식적인 생각으로 깊은 산에 숨었구나
어버이 임금 버리고 어디서 용신容身할고
고금에 완악 이보다 더 없도다
先度終難掩附攀,
兇思姑息隱幽山。

離親棄主容何地,

今古難逾此惡頑

이장곤이 달아나자 연산군이 분노에 찬 어제시를 내렸다.

직언을 한 내시 김처선

내시 김처선은 관직이 정2품이었다. 연산군이 어둡고 음란해지자 김처선이 매양 정성을 다하여 직언을 올렸다. 연산군은 노여움을 가슴속에 묻어두고 겉으로 드러내지 않았다. 김처선이 어릴 때부터 그를 돌본 내시였기 때문이었다.

"오늘 나는 반드시 죽을 것이다."

김처선은 집안사람들에게 비장하게 말하고 대궐로 들어갔다. 그는 연산군의 폭정을 더 이상 방치해서는 안 된다고 생각했다.

"늙은 놈이 네 분 임금을 섬겼고, 경서와 사서를 대강 통하지마는 고금에 전하처럼 행동하는 이는 일찍이 없었습니다."

김처선은 연산군이 술에 취해 대궐에서 발가벗고 음행을 하자 충언을 올렸다.

"이놈! 네가 죽고 싶은 것이냐?"

여자들과 음행하던 연산군이 술에 취해 눈에 핏발을 세우고 노려보았다.

"조정의 대신들도 죽음을 두려워하지 않는데 늙은 내시가 어찌 감히 죽음을 아끼겠습니까. 다만 전하께서 오래도록 보위에 계시지 못할 것이 한스러울 뿐입니다."

"뭐라? 내가 보위에 있지 못한다고?"

"전하께서 폭정을 하시는데 난이 일어나지 않겠습니까? 정신 차리십시오."

김처선이 연산군을 꾸짖었다.

"이놈! 네놈이 죽고 싶으냐?"

"신은 전하께서 음행을 거두시기를 청합니다."

"오냐 그렇다면 내 활 맛을 보아라."

연산군이 분을 참지 못하여 활을 찾아서 김처선을 쏘았다. 김처선은 눈을 부릅뜨고 피하지 않았다. 그러자 화살이 날아와 그의 갈빗대를 부러트렸다. 궁녀와 내시들의 얼굴이 사색이 되었다. 김처선의 가슴에서 피가 낭자하게 흘러내렸다.

"어떠냐? 이래도 주둥이를 함부로 놀릴 것이냐?"

"전하, 주둥이를 놀리는 것이 아니라 충언을 올리는 것입니다."

"이놈! 네놈이 아직도 임금을 능멸하는구나."

연산군이 다시 활을 쏘아 김처선의 가슴을 맞추었다. 김처선은 고통을 견디지 못하고 땅에 쓰러졌다. 연산군은 김처선에게 달려가 칼로 다리를 베었다.

"일어나 걸어라."

"전하께서는 다리가 부러져도 걸어 다닐 수 있습니까?"

김처선이 연산군을 쳐다보면서 말했다. 연산군은 김처선의 혀를 자르고 몸소 그 배를 갈라 창자를 끄집어내었다. 김처선은 죽을 때까지 충언을 그치지 않았다.

내시 김처선이 연산군에게 충언을 올리다가 죽음을 당하자 선비들은 부끄러움을 느꼈다.

"내관 김처선이 술에 몹시 취해서 임금을 꾸짖었으니, 가산을 적몰하고 그 집을 허물어 못을 파고 그 본관인 전의全義를 혁파하라."

연산군이 술에 취해 명을 내렸다. 이로 인해 김처선의 본관인 전의 김씨가 사라지게 되었다. 연산군은 이에 그치지 않고 김처선의 친족을 칠촌까지 죽이게 했다. 조정과 대궐은 숨을 죽였다.

"아비가 임금을 꾸짖은 '죄로', 그 자식에게까지 미침이 옳은가? 빨리 숨김없이 대답하라. 내가 잘못 시행하지 않았다는 증거가 환관들에게 있다."

연산군은 이튿날 아침이 되자 승정원에 명을 내렸다.

"처선의 죄는 용서하지 못할 바이오니, 그 자식에게 미친들 무엇이 불가하리까?"

승지들이 아뢰었다.

"김처선에게 계후자繼後子가 있으니 연좌시킴이 어떠한가?"

"친아들과 같으니 의리로서 연좌시켜야 합니다마는, 의금부로 하여금 전례를 상고하게 함이 어떠하리까?"

승지들이 아뢰었다.

"경 등이야 어찌 김처선의 악惡이 이토록 심한 줄 알랴! 하물며 근래에는 특별한 법으로 죄인을 다스리거늘 어찌 율문律文에 얽매이랴! 그 계후자를 연좌시키라."

연산군이 명을 내렸다. 연산군은 김처선의 영자 이공신을 죽이고 부모의 무덤을 뭉갠 뒤에 석물을 부숴버렸다.

백성에게 잔인하기 내 위 없건만
내시가 난여를 범할 줄이야
부끄럽고 통분해 상념이 끊이지 않으니
바닷물에 씻어도 한이 남으리
殘薄臨民莫類予
那思姦閭犯鑾輿
羞牽痛極多情緒
欲滌滄浪恨有餘

연산군은 김처선을 죽인 뒤에 의정부에 명을 내렸다.

"신하가 임금을 섬김에는 그 정성과 공경을 다하여야 하거늘, 요사이 간사한 내시 김처선이 임금의 은혜를 잊고 변변치 못한 마음을 품고서 분부를 꺼리고 임금을 꾸짖었으니, 신하로서의 죄가 무엇이 이보다 크랴! 천지가 개벽한 이래로 없었던 일이거늘, 어찌 용납되랴! 이에 중죄로 처치하고 그 자식에게까지 미치게 하며 그 가산을 적몰하고 그 가택에 연못을 파고 살던 고향을 아울러 혁파하여, 흉악하고 간사한 것을 씻어내서 뒷일을 경계하노니, 중외에 효유하노라."

연산군은 김처선의 집을 철거하여 연못을 파고 죄명을 새기게 했다. 김처선은 연산군을 꾸짖어 충신의 기개를 보여주었다.

뼈를 바람에 날리다

연산군은 말년이 되갈수록 더욱 포학해지고 음란해져 갔다. 그는 어머니의 죽음을 빌미로 수많은 사람들을 잔인하게 죽였다. 이극균 등 죄가 중한 자들의 해골을 파내어 분쇄하여 바람에 날리게 했다.

"이극균, 이세좌, 윤필상, 한치형, 이파의 시체를 일찍이 들판에 버려두고 매장하지 못하도록 하였으나 반드시 거두어 매장하였을 터이니, 지금 다시 파내어 해골을 분쇄하여 형적을 없애는 것이 어떠한가?"

연산군이 승지들에게 물었다.

"이는 모두 죄가 중한 사람이니 의당 그렇게 해야 합니다."

승지들이 일제히 아뢰었다. 승지들은 연산군의 꼭두각시가 되어 있었다. 그들은 연산군을 설득하여 포학한 행위를 만류하는 것이 아니라 오히려 부추겼다.

"간신의 해골을 바람에 날려 천지간에 의지하지 못하게 하는 것은, 땅에는 영험한 풀이 있고 하늘에는 신통한 새가 있어서이다. 죄가 중한 사람은 모두 그 해골을 분쇄하여 바람에 날려 버리게 하라."

뼈를 부수어 바람에 날리는 것을 표골쇄풍이라고 불렀다.

광기의 시대, 폭력의 시대

"이유녕은 뼈를 부수어 강 건너에서 바람에 날리라."

연산군은 닥치는 대로 무시무시한 벌을 내렸다.

의금부 낭청이 윤필상의 뼈를 태운 재를 가지고 승정원 문 밖에 가서 아뢰었다.

"앞으로는 여섯 간신의 뼈를 태워 바다 위에서 바람에 날리라."

연산군이 명을 내렸다. 당초에 성준이 연산군에게 말했다.

"지금 임금을 업신여기는 풍습이 있으니, 번져가는 것을 길러 주어서는 안 됩니다."

성준은 임금을 업신여기는 자들을 엄벌에 처해야 한다고 주장했다.

"과연 옳습니다."

이극균이 옆에서 그 말을 거들었다. 그런데 성준과 이극균은 연산군으로부터 자신들이 옳다고 말한 형벌을 받았다. 마치 중국 전국시대 진나라의 상군이 자신이 만든 법에 의해 자신이 처형을 당한 꼴이나 마찬가지였다.

"임금을 업신여기는 사람은 천지 사이에 용납될 수 없다. 땅에 묻자니 땅에서 나무가 나고 그 뿌리에서 줄기가 나고 줄기에서 가지와 잎이 나는 것이 모두가 순리順理이거늘, 어찌 패역한 사람으로 땅을 더럽힐 수 있으랴! 마땅히 들판에 버려서 여우나 살쾡이가 먹게 하거나, 물에 가라앉혀서 그 형체가 남지 않게 하여야 한다."

연산군이 웃었다.

촌참寸斬의 형벌이 시행되고, 한 사람이 죄에 걸리면 부자 형제에게 죽임이 미쳤다. 또 국청을 설치하여 척흉청滌凶廳이라 하고, 죄인의 집을 헐고 터를 파서 못을 만들고 돌을 세워 죄를 기재하는 일을 맡았다. 언사로 죄를 입은 자를 간신이라 부르고, 그중에서 몹시 미움 받은 자는 시체를 태워 뼈를 부수어서 바람에 날렸는데 이름 하여 쇄골표풍碎骨飄風이라 하니, 형벌의 처참함이 이처럼 극도에까지 이르렀다. 성준과 이극균이 대신으로서 임금을 업신여긴다는 말을 지어내어 앞장서서 화난禍難의 꼬투리를 아뢰었는데, 마침내 또한 벗어나지 못하였으니, 어찌하여 뒷일을 생각하는 지혜가 없었는가.

실록을 쓴 사관이 성준과 이극균을 비판했다. 연산군은 잔인한 형벌을 내리고도 시를 지었다.

지나친 절조로 몸을 불 속에 던졌으니
높은 절의만 알고 변통을 모르네
헛된 명예 때문에 나서지 말라
불보고 날아드는 나비 같으니
妄節投身熾火中,
徒知高義不知通。
虛名處理無相亂,
正似飛蛾赴燭紅。

한나라 황후를 보고 지은 시였다. 연산군은 한나라가 멸망하자 불속에 몸을 던진 황후를 빗대어 열녀를 조롱하기까지 했다. 연산군에게 몸을 더럽힌 여자들은 기이하게도 절개를 지키기 위해 목숨을 버리지 않았다.

심원에 사람 없고 경치만 아름다워
이슬 맺힌 복사꽃 봄바람에 취하였네
듬뿍 맞은 비로 꽃술이 더 예뻐라
꽃다운 가지 꺾어 요염한 꽃 닦아주리
深院無人麗景融,
桃凝香露醉春風。
須緣濃雨添嬌藥,
手折芳枝拭艶紅。

연산군은 이 시를 승정원에 보냈다.
"이 시가 호탕한가? 앞의 시와 아울러 화답해 바치라."
연산군이 승정원에 지시했다.
"아주 호탕합니다."
승정원에서 비굴하게 아뢰었다. 연산군의 시는 자유분방하지만 말년이 가까워지면서 원숙해 졌다. 살인을 한 뒤에 시를 짓고, 음행을 한 뒤에도 시를 지었다.

갑자년 이후로 왕의 잔혹함은 날로 심하여져서, 사람을 형벌할 때 교살絞殺한 뒤 얼마 있다가 또 목을 베고, 그러고도 부족하여 사지를 찢으며, 찢고도 부족하여 마디마디 자르고 배를 가르는 형을 썼다. 그리고 또 그것도 모자라서 뼈를 갈아 바람에 날리는 형을 쓰기도 하였다.

사관이 실록에 쓴 기록이다. 연산군은 어제시를 더욱 자주 짓고 살인과 음행에 광분했다. 그러나 그의 음행과 포학한 정치는 막바지를 향해 달리고 있었다.

아름다운 나무가 꽃을 토하니 붉은 것이 비를 겪고
주렴에 버들개지 날아드니 흰 꽃이 바람에 놀라네
누른빛에 새벽빛이 겹쳐 푸른 빛 버들에 퍼지는데
분이 청천晴天에서 떨어져 눈이 소나무에 덮였네
芳樹吐花紅過雨,
入簾飛絮白驚風。
黃添曉色靑舒柳,
粉落晴天雪覆松。

반정이 일어나다

꿈에 어머니를 만난 연산군

폭군의 비참한 말로

제8장

반정과 죽음

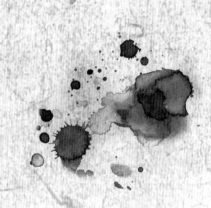

용렬한 자질로 위에 있은 지 10년이 되는데
너그러운 정사 못하니 부끄러운 마음 금할 수 없네
조정에 보필하고 종사 생각하는 자 없으니
나이 어린 이 몸이 덕이 없어서이네

　연산군의 광기가 폭발하자 사대부들은 숨을 죽였다. 위기가 닥치자 사대부들은 무력했다. 평소에는 직언을 올리고 언로를 넓혀야 한다고 큰소리를 쳤으나 피바람이 몰아치자 입을 다물었다. 삼사는 무용지물이 되었고 승정원은 임금의 명을 따르고 심부름 하는 기관으로 전락했다.

　인수대비는 연산군에게 모욕을 당했다. 그녀는 연산군이 정 소용과 엄 소용을 몽둥이로 때려죽이자 공포에 떨었다.

　연산군은 그녀로 인해 사사된 폐비 윤씨를 복위시키고 시호를 올렸다. 윤필상이 제헌왕후라는 시호를 올리고 무덤을 회릉이라고 지었다.

　'이 미친 피바람을 어떻게 해야 할까?'

　인수대비는 누워서 일어나지 못했다. 젊어서 남편을 잃고 파란만

장한 삶을 살았으나 그녀는 갑자사화가 일어난 지 한 달 만에 죽었다. 연산군은 덕종의 후궁인 권 귀인도 부관참시를 하려고 했으나 불교에 귀의한 그녀가 화장을 했기 때문에 시체가 없었다. 대노한 연산군은 화장을 한 중들을 잡아다가 죽였다.

연산군은 폐비 윤씨를 복위하는 교서를 내렸다.

춘추의 의리에, 어머니는 아들로 하여 귀해지고, 추숭追崇하는 법이 한나라 역사서에 실려 있다. 생각하건대, 우리 어머니께서 처음에 덕으로 뽑혀 중전이 되었다가 나중에는 참소를 만나고 소인들에게 시달리게 되고, 정유년에는 폐위되려다가 중지되어 도로 금슬琴瑟의 화목이 있고 아들을 보는 경사가 있게 되었으니, 만일 참으로 덕을 잃었다면 어찌 이 일이 있었겠는가? 그 뒤 궁중의 암투가 날로 심하여져 스스로 밝히지 못하고 폐위되어 사삿집에 계시다가 그만 큰 변을 만나셨다. 당초 내간에서는 안에서 저지하고, 대신과 대간이 밖에서 다투었다면, 선왕의 성명하시고 또 이 몸이 있으니, 반드시 상의 마음을 돌리는 힘이 없지 않았을 것인데, 어찌 북杅을 던지는 의심이 있었겠는가? 내가 어린 나이로 듣고 봄이 없으면서 외람되이 큰 전통을 계승한 지 10년이 되었다. 그 연유를 캐물어 비로소 그 사실을 알게 되니, 하늘 아래 다시없을 그 슬픔이 어찌 끝이 있으랴? 이래서 널리 여러 의논을 모아 제헌왕후로 추존하고, 묘도 높여 능으로 한다. 그 큰일을 얽어 만든 자가 아직도 선왕 후궁의 반열에 있으므로 곧 죄주고, 산 자나 죽은 자를 서인으로 하니, 거의 간사함을 다스리는 법을 바로잡고 하늘에 계신 원한을 씻어, 나의 애통하고 그립기 이를 데 없는 심정을 펴게 되었노라.

연산군은 폐비 윤씨를 복위 시킨 뒤에 다시 어제시를 내렸다.

용렬한 자질로 위에 있은 지 10년이 되는데
너그러운 정사 못하니 부끄러운 마음 금할 수 없네
조정에 보필하고 종사 생각하는 자 없으니
나이 어린 이 몸이 덕이 없어서이네
庸質臨臣十載回,
未敷寬政愧難裁。
朝無勉弼思宗社,
都自沖吾乏德恢

연산군의 이 시는 한껏 자신을 낮추고 있다. 그는 왜 이런 시를 남긴 것일까. 연산군은 희대의 패륜아였다. 그는 자신의 큰어머니인 월산대군의 처 박씨 부인을 간음하여 임신하게 만들었고, 이복동생인 임숭재의 처 혜신옹주와 임숭재의 여동생을 간음하고 많은 전답과 금은보석을 하사했다. 내시들을 거느리고 성종의 후궁과 궁녀들이 머물고 있는 정업원에 쳐들어가 여승들을 간음했다. 그런가하면 천하의 요부 장녹수, 전비 등과 어울려 국정을 문란하게 하고 전국에서 1만 명에 이르는 기생들을 끌어 모아 주색에 빠져 흥청망청 지냈다.

반정이 일어나다

포학한 정치로 많은 사람들이 죽게 되자 선비들은 위기감을 느끼게 되었다. 특히 조정에서 일을 하는 대신들이나 대간들은 언제 연산군에게 죽임을 당할지 몰라 전전긍긍했다. 누구도 연산군의 폭정을 비난하지 못했으나 마음속에서는 살아남기 위해 새로운 임금을 세워야 한다는 생각이 꿈틀거리게 되었다.

성희안은 김종직의 문하에서 공부했으나 무오사화에서 기적적으로 살아남았다. 그는 성종 때 문과에 급제하여 홍문관 부수찬 등 청직을 역임하고 명나라에 가서 연산군의 세자 책봉을 받아왔기 때문에 연산군이 즉위한 뒤에도 높은 관직에 진출했다. 그의 위기는 무오사화 때 찾아왔으나 다행히 옥사를 겪지 않았다.

"임금이 점점 포학해지니 걱정이오."

성희안은 무오사화 때 살아남은 김종직의 제자들에게 흉금을 털어놓았다. 그러나 선뜻 반정을 하자고 주장하는 사람은 없었다.

하루는 연산군이 망원정에 나아가 백성들이 농사짓는 것을 구경하고 대신들과 군사들에게 술을 하사했다.

"화선은 돌아가고 어주만 남아 있네畵船旣去有漁舟'라는 시구를 제목으로 시를 지어 올리라."

연산군이 대신들에게 명을 내렸다. 이에 대신들과 승지들이 다투어 시를 지어 올렸다.

"성희안이 지은 것은 제목의 뜻에 합당하지 못하니, 환궁하여 다시 지으라."

연산군이 성희안의 시를 읽고 불쾌한 표정으로 명을 내렸다. 성희안이 지은 시에서 '임금은 본래 깨끗한 것을 좋아하지 않는다.' 라는 글귀가 마음이 들지 않았던 것이다. 성희안은 이조참판에서 강등되고 결국은 파직이 되었다.

'왕이 포학하니 반정을 해야한다.'

성희안은 연산군을 몰아내야 한다고 생각하고 뜻을 같이할 사람들을 찾기 시작했다.

박원종은 월산대군의 처남이었다. 부귀한 집에서 자라났으나 학문을 하는 것보다 무예를 좋아했다. 그는 거리의 무인들과 어울리다가 무과에 급제했다. 그러자 시정의 무인들이 그를 높이 받들었다.

'임금이 어찌 이렇게 무도할 수 있는가?'

박원종은 연산군이 누이를 간음하여 죽게 만들자 분노로 치를 떨었다. 성희안은 박원종이 문무에 능하다는 말을 들었으나 그와 친분이 없었다. 그는 같은 마을에 사는 신윤무를 보내 박원종의 의사를 은밀하게 타진했다. 박원종이 갑자기 옷소매를 떨치고 일어났다.

"이는 내가 밤낮으로 마음속에 품고 있던 것이다."

그날 밤 성희안은 박원종을 찾아가 인사를 나누고 통곡했다.

"우리가 평생에 충성과 절의를 지켜 왔으니 마땅히 나라를 위하여 목숨을 버릴 것입니다. 대장부가 죽고 사는 것은 하늘에 달렸으니, 종사의 위태함이 경각에 있는데 어찌 구제하지 않겠습니까?"

성희안이 통곡을 그치고 박원종에게 말했다.

"오로지 하늘에 운명을 맡길 뿐 죽고 사는 것은 생각하지 않겠습니다."

박원종이 성희안의 손을 잡고 말했다. 그들은 이조판서 유선정을 포섭했으나 우유부단한 인물이었다. 박원종이 무인출신이었기 때문에 무인들을 포섭하고, 성희안은 김종직의 제자인 남곤, 이행 등을 포섭했다. 신윤무와 군기시 첨정 박영문, 사복시 첨정 홍경주 등에게도 두루 알려서 각기 동지를 불러 모으게 하자 대부분이 무사들이었다.

연산군 12년 9월1일 밤 성희안이 김감, 김수동의 집에 가서 반정에 대해서 구체적인 계획을 세우기 시작했다. 그때 전라도에서 일단의 군사들이 반정을 일으키기 위해 상경하고 있다는 소식이 들려왔다.

"그들이 한양에 올라오면 우리의 거사는 수포로 돌아갈 것이오."

성희안이 사람들을 돌아보고 비장하게 말했다.

"그럼 어찌하는 것이 좋겠소?"

"오늘밤 거사를 결행합시다."

"오늘 밤이오? 너무 서두르는 것이 아니요?"

"아니오. 늦으면 일이 잘못될 수도 있소."

성희안은 박원종의 집으로 달려갔다. 박원종은 쾌히 승낙했고 즉시 무사들에게 연통하여 훈련원에 집결하게 했다. 한양 장안은 갑자기 전운이 감돌기 시작했다. 훈련원으로 무사들이 속속 집결했다. 유자광과 구수영이 오고 수백 명의 장사들이 훈련원에 집결하자 성희안과 박원종은 여러 장수들에게 부대를 나누어 각기 군사를 거느리고 하마비동에서 대기하게 했다. 그러나 그들만으로는 부족하다고 생각했다. 성희안은 조정의 대신들에게 서신을 보내 반정에 참여할 것을 요구했다.

'기어이 반정이 일어난 것인가?'

영의정 유순은 반정에 참여하기로 결정했다. 이미 성희안 등이 반정을 모의한다는 소문을 듣고 있었으나 고변을 하지 않았었다. 반정이 일어났다는 연락을 받은 대신들이 하마비동으로 몰려왔다. 영의정 유순, 우의정 김수동, 찬성 신준과 정미수, 예조 판서 송일, 병조 판서 이손, 호조 판서 이계남, 도승지 강혼, 좌승지 한순도 왔다. 성희안이 주동한 반정은 의외로 조정대신들의 광범위한 호응을 받았다. 연산군이 총애한 구수영과 도승지 강혼까지 등을 돌린 것이다.

"진성대군을 임금으로 추대해야 하니 모셔옵시다."

성희안과 박원종은 구수영을 진성대군 집에 보냈다. 진성대군은 처음에 당황하여 몇 번이나 망설였으나 장사들이 호위하여 횃불을 들고 소리를 지르자 마지못해 따라왔다.

"대비마마께 우리가 거사한 사유를 고하시오."

성희안은 경복궁으로 윤형로를 보냈다.

"이제는 대역죄인 임사홍과 신수근 형제를 죽이라."

성희안이 영을 내렸다. 박원종이 수백 명의 장사들을 거느리고 임사홍의 집으로 달려갔다.

"임금께서 대감을 부르오."

박원종이 연산군이 부른다는 핑계로 임사홍을 불러냈다. 임사홍이 어리둥절하여 밖으로 나오자 장사들이 일제히 달려들어 난도질을 했다. 박원종은 장사들을 이끌고 달려가 연산군의 처남인 신수근과 신수영 형제도 죽였다. 마침내 중종반정의 피바람이 불기 시작한 것이다.

임사홍의 죽음은 연산군시대의 종말을 의미하는 것이었다.

연산군에게 갖은 아첨을 하고 자신의 아들 임희재가 죽었을 때도 잔치를 열고 주색에 빠졌던 그의 비참한 말로였다. 그는 고척지형과 표골쇄풍의 형벌을 가하는데 앞장을 섰고, 자신 또한 비참하게 죽었다.

신수근은 왕비 신씨의 오라버니였기 때문에 연산군의 총애를 받았다. 그의 권세는 하늘을 찔렀고 왕비의 권세를 등에 업고 방탕한 짓을 서슴지 않았다. 뇌물이 폭주하고 재물을 바쳐 벼슬을 얻으려는 자들이 문전성시를 이루었다.

신수영도 신수근 못지않은 간신이었다. 그의 집에 누군가 익명서를 던지자 연산군에게 고발하여 피바람을 불러 일으켰다. 신수영 때문에 억울하게 죽은 사람을 이루 헤아릴 수 없었다. 사람들은 모두 이를 갈면서 신수영의 살을 씹어 먹고 싶다고 말했다

성희안과 박원종은 의금부 감옥에 있는 죄수들을 석방하여 반정군에 편입시켰다. 그러자 반정군이 수천명에 이르게 되었다. 반정군은 창덕궁을 에워싸 간신들의 무리를 처단하기 시작했다. 전동, 김효손, 강응, 심금, 손사랑, 손금순, 석장동 및 김숙화의 가인家人들을 잡

아와서 군문 앞에서 참수했다. 그들은 궁녀들의 친척으로 세력을 믿고 방자하게 굴던 자들이었다.

꿈에 어머니를 만난 연산군

우수수 찬바람이 나뭇잎을 흔들고 지나갔다. 연산군은 눈을 뜨자 스산한 바람소리에 귀를 기울였다. 벌써 가을이 깊어가고 있었다. 시간은 얼마나 된 것일까. 방안에 흥청의 여자들이 여기저기 쓰러져 잠들어 있었다. 여자들은 한 결 같이 속저고리와 속치마 차림이었다. 어떤 여자는 술에 취해 속저고리를 풀어 놓아 허연 가슴이 드러나 있었다.

'어머니가 꿈에 나타나다니….'

연산군은 꿈을 생각하자 이상하게 등줄기가 서늘해지는 것을 느꼈다. 어머니는 하얀 소복을 입고 있었다.

"아들아."

어머니의 목소리가 가슴을 울렸다.

"어머니."

연산군은 슬픔에 잠긴 표정을 하고 있는 어머니의 얼굴을 응시했다.

"아들아, 어미가 너에게 줄 것이 있다."

어머니가 연산군에게 하얀 옷 한 벌을 건네주었다.

"어머니, 왜 흰옷입니까?"

"네가 이 옷을 입을 때가 되었기 때문이다."

어머니가 웃으면서 몸을 돌렸다. 연산군이 목이 메어 불렀으나 어머니는 어둠속에서 순식간에 사라졌다.

'어머니…'

연산군은 꿈속에 나타난 어머니를 생각하자 가슴이 터질 것만 같았다. 연산군은 어머니의 얼굴을 기억하지 못했다. 그런데도 꿈속에서 흰옷을 입은 여자를 보자 가슴이 뛰면서 어머니라고 생각이 되었다. 왜 어머니라는 생각이 들었는지는 몰랐다.

"전하."

연산군이 잠에서 깨어나 뒤척이자 눈을 뜬 여자들이 다가왔다. 여자들은 평소의 습관처럼 연산군의 품속으로 파고들었다. 따뜻하고 부드러운 살이 밀착되자 안온한 느낌이 들었다. 여자들은 그의 발끝에도 쓰러져 자고 있었다.

'왜 흰옷을 나에게 준 것일까?'

여자들이 그의 몸을 애무하기 시작했다. 그는 그때서야 자신이 알몸이라는 사실을 깨달았다.

"그만 두라."

연산군이 짧게 내뱉었다. 여자들이 화들짝 놀라서 연산군에게서 떨어졌다.

"녹수야."

연산군이 장녹수를 불렀다. 대궐의 여인들 중에 그를 가장 잘 이해하는 여인이었다.

"전하."

장녹수가 문 쪽에 떨어져 자고 있다가 연산군에게 다가왔다.

"전하, 목이 마르십니까?"

"아니다. 꿈을 꾸었다."

"또 꿈을 꾸셨습니까? 요즘 꿈을 자주 꾸시는 것 같습니다. 오늘은 무슨 꿈을 꾸셨나요?"

"어머니가 나에게 흰옷 한 벌을 주셨다. 무슨 뜻이냐?"

"흰옷은 밝은 것을 상징하니 길몽인 것 같습니다."

"아니다. 흰옷은 장례 때 입는 옷이니 내가 죽는다는 뜻일 것이다."

"전하."

장녹수의 얼굴이 하얗게 변했다. 그때 밖에서 사람들이 떠드는 소리가 들렸다. 갑사와 내시들이 이리저리 뛰어다니고 어디선가 함성 소리가 들리기도 했다.

"무슨 일이냐?"

"신첩이 나가 보겠습니다."

장녹수가 옷깃을 여미고 밖으로 나갔다. 그녀가 문을 열자 초승달이 희미하게 떠 있는 것이 얼핏 보였다. 장녹수는 한참이 지나서야 해쓱한 얼굴로 돌아왔다.

"밖이 왜 이렇게 소란스러운 것이냐?"

"전하, 반정이 일어났습니다."

"반정?"

연산군이 벌떡 일어나 앉았다. 그는 허공을 쏘아보고 있다가 갑자기 웃음을 터트렸다. 오랫동안 기다린 일이 마침내 닥쳐온 듯한 기분이었다.

"전하, 피하셔야 합니다. 내금위 갑사들이 모두 달아났다고 합니다."

"녹수야, 너는 달아나거라. 임금인 내가 어디로 달아나겠느냐?"

"전하, 신첩도 달아나지 않겠습니다."

장녹수가 슬픈 목소리로 울기 시작했다.

폭군의 비참한 말로

반정군은 창덕궁을 에워쌌으나 진입하지 않았다. 궁궐 안에 입직하던 여러 장수와 군사들 및 도총관 민효증 등은 반정이 일어났다는 말을 듣고 수챗구멍으로 달아났고, 입직하던 승지 윤장, 조계형, 이우와 주서 이희옹, 한림 김흠조 등도 뒷문으로 탈출했다. 각 문을 지키던 군사들까지 담을 넘어 달아나자 대궐 안이 텅 비었다.

반정은 의외로 쉽게 성공했다. 날이 부옇게 밝아오기 시작하자 박원종 등이 궐문 밖으로 진군하여, 신계종은 약속을 어긴 죄로 당직청에 가두고, 유자광, 이계남, 김수경, 유경을 궁궐 문에 머물러 두어 군사를 정렬시켜 결진하게 하였다. 성희안 등은 백관과 군사를 거느리고 경복궁에 달려가서 정현왕후를 알현했다.

경복궁도 반정이 일어났다는 소문이 퍼져 뒤숭숭했다.

"지금 위에서 임금의 도리를 잃어 정령政令이 혼란하고, 민생은 도 탄에서 고생하며, 종사는 위태롭기 짝이 없으므로 신 등은 자나 깨나 근심이 되어 어찌할 줄을 모르겠습니다. 진성대군은 대소 신민의 촉 망을 받은 지 이미 오래이므로, 이제 추대하여 종사의 계책을 삼고자 감히 대비마마의 분부를 여쭙니다."

성희안과 박원종 등이 대비전 밖에서 아뢰었다. 정현왕후는 자신 의 아들 진성대군을 국왕으로 추대한다고 하자 깜짝 놀랐다.

"변변치 못한 어린 자식이 어찌 능히 중책을 감당하겠소? 세자는 나이가 장성하고 또 어지니, 계사할 만하오."

정현왕후가 발을 치고 대신들에게 말했다. 연산군의 아들을 천거 했으니 반정군이 들어줄 리 없었다.

"여러 신하들이 계책을 협의하여 대계大計가 정하여졌으니, 고칠 수 없습니다."

영의정 유순 등이 아뢰었다. 이어 유순정과 강혼을 보내어 여러 사 람을 거느리고 밖에 있는 진성대군을 맞아오게 했다. 진성대군은 몇 번이나 사양하였으나 여러 사람이 보위에 오를 것을 촉구하자 가마 를 타고 경복궁으로 들어와 사정전에 좌정했다. 장사들이 횃불을 밝 혀들고 그를 호위했다.

"예로부터 폐립할 때 죄를 추궁한 일이 없었으니 마땅히 사람을 보내어 가서 고하기를, '인심이 모두 진성대군에게 돌아갔다. 사세가 이와 같으니, 정전을 피하여 주고 옥새를 내놓으라.' 하면, 반드시 이를 따를 것이다."

반정 대신들은 구수회의를 한 뒤에 승지 한순과 내관 서경생을 창덕궁에 보내어 연산군에게 아뢰었다.

"내 죄가 중대하여 이렇게 될 줄 알았다. 좋을 대로 하라."

연산군은 옥새를 내어 상서원 관원에게 주게 했다. 연산군은 모든 것을 포기한 듯이 처연한 표정으로 앉아 있었다.

백관이 대궐로 들어와 반열班列을 지어선 다음, 먼저 정현왕후의 교지를 반포하였다.

"우리 국가가 덕을 쌓은 지 백년에 깊고 두터운 은택이 민심을 흡족하게 하여, 만세토록 뽑히지 않을 기초를 마련하였는데, 불행하게도 지금 크게 임금이 지켜야 할 도리를 잃어 민심이 흩어진 것이 마치 도탄에 떨어진 듯하다. 대소 신료가 모두 종사를 중히 여겨 폐립廢立의 일로 와서 아뢰기를, '진성대군 이역은 일찍부터 인덕이 있어 민심이 쏠리고 있으니, 모두 추대하기를 청합니다.' 하였다. 내가 생각하니, 어리석은 이를 폐하고 밝은이를 세우는 것은 고금에 통용되는 의리이다. 그래서 여러 사람의 의견을 따라 진성을 사저에서 맞아다가 대위에 나아가게 하고 전왕은 폐하여 교동에 안치하게 하노라. 백성의 목숨이 끊어지려다가 다시 이어지고, 종사가 위태로울 번하다가 다시 평안하여지니, 국가의 경사스러움이 무엇이 이보다 더 크랴? 그러므로 이에 교시를 내리노니, 마땅히 잘 알지어다."

진성대군은 경복궁 근정전에서 즉위하여 백관의 하례를 받고 사

면령을 내렸다. 이로써 연산군은 폐주가 되고 진성대군은 조선의 제
12대 국왕이 되었다.

연산군은 강화도 교동으로 유배를 가게 되었다.

충성이란 사모요

거동은 곧 교동일세

일만 흥청 어디 두고

석양 하늘에 뉘를 좇아가는고

두어라 예 또한 가시의 집이니

날 새우기엔 무방하고 또 조용하지요

忠誠是詐謀,

擧動卽喬桐。

一萬興淸何處置,

夕陽天末去誰從

已哉此亦娘婦家,

無妨達曙且從容。

백성들이 뒤를 따라가면서 연산군을 조롱했다. 장녹수는 반정군
장수들에게 목이 베어졌다. 연산군은 허름한 가마에 태워져 강화도
교동으로 떠나기 시작했다.

"중전과 함께 가고 싶다."

연산군은 귀양을 가면서 신씨와 함께 가고 싶다고 청했다. 그러나

반정대신들은 이를 들어주지 않았다.

왕비 신씨는 연산군과 달리 어진 덕이 있어 화평하고 온순하다는 평을 받았다. 아랫사람들을 은혜로 어루만졌으며, 왕이 총애하는 사람이 있으면 비妃가 또한 더 후하게 대하므로, 연산군은 포학하였으나 신씨를 귀하게 여겼다. 연산군이 무고한 사람을 죽이고 음란하거나, 방탕하게 지낼 때마다 밤낮으로 근심했다. 때로는 눈물을 흘리면서 간언을 올렸으나 말뜻이 지극히 간곡하고 절실했다. 연산군이 그녀의 간언을 들어주지는 않았으나 그렇다고 화를 내지도 않았다.

"나도 전하를 따라가게 해주오."

신씨는 울부짖으면서 청했으나 정청궁에 연금되었다.

연산군의 아들 폐세자 이황, 창녕 대군 이성, 양평군 이인, 이돈수 등은 비참한 운명을 맞이했다. 반정이 일어나고 21일밖에 되지 않았을 때 영의정 유순, 좌의정 김수동, 우의정 박원종, 유순정, 유자광, 구수영 및 1품 이상의 대신들이 빈청에 모여 의논하여 중종에게 아뢰었다.

"폐세자 이황, 창녕 대군 이성, 양평군 이인 및 이돈수 등을 오래 두어서는 안 되니, 모름지기 일찍 처단하소서. 또 연산군의 폐비 신씨가 지금 정청궁에 있는데 선왕의 후궁과 함께 거처하는 것은 옳지 않으니, 동대문 밖 광평 대군 집에 옮겨 안치하는 것이 어떠합니까?"

반정공신들은 연산군의 아들들을 죽이라고 중종에게 요구했다.

"황 등은 나이가 모두 어리고 연약하니, 차마 처단하지 못하겠다. 폐비는 스스로 허물이 없는데, 문밖으로 내쳐 보내기가 정의상 몹시

가련하니, 성안에 옮겨 안치한다고 무슨 안 될 일이 있겠는가?"

중종이 명을 내렸다.

"황 등의 일을 전하께서 측은한 마음으로 차마 결단하지 못하고 계시지만 그 형세가 오래 보존되지 못할 것이니, 혹 뜻밖의 일이 있어서 재앙이 죄 없는 이에게까지 미치면 참으로 작은 일이 아닙니다. 지금 비록 인심이 이미 정하여졌으나, 원대한 염려를 하지 않으면 안 되니 모름지기 대의로써 결단하여 뭇사람의 마음에 응답하소서. 폐비는 신 승선의 집을 수리해서 옮겨 두는 것이 어떠합니까?"

"폐비는 그렇게 하고, 황 등은 나이 연약하고 형세가 고단하니, 비록 있은들 무슨 방해가 되겠는가?"

"이는 국가의 큰일이니, 차마 못하는 마음으로써 대체大體에 누가 있게 하여서는 안 됩니다. 모름지기 대의로써 결단하여야 합니다. 이는 신 등의 뜻일 뿐만 아니라 곧 일국 신민의 뜻입니다. 신 등이 전하께서 차마 못하시는 것을 알지 못하는 것이 아니라, 여러 사람의 뜻이 이와 같으므로 마지못하여 감히 아룁니다."

"황 등의 일은 차마 처단하지 못하겠으나, 정승이 종사에 관계되는 일이라 하므로 과감히 좇겠다."

중종이 마침내 명을 내렸다. 연산군의 네 아들은 모두 사약을 받고 죽었다.

"아비가 사람을 그렇게 많이 죽였는데 어찌 아들이 살기를 바라는가?"

연산군의 부인 신씨는 통곡했다.

연산군은 교동 바닷가에서 쓸쓸한 나날을 보내다가 1년도 되지 않아 죽었다.

"11월 초6일에 연산군이 역질로 인하여 죽었습니다. 죽을 때 다른 말은 없었고 다만 신씨를 보고 싶다 하였습니다."

"연산군을 후한 예로 장사 지내라."

중종이 명을 내렸다. 연산군은 강화도 교동에 묻혔으나 1506년 부인 신씨의 상언으로 양주楊州 해촌(海村, 지금의 도봉구 방학동)으로 이장하고 왕자군의 예로 장례를 지냈다. 신씨는 1537년 죽어 연산군 옆에 묻혔다.